JN292293

朝日出版社

はじめに

この本で諸君といっしょに勉強するアラビア語は東はオマーンから西はモーリタニアに至る広い地域で使われ、アラビア語を国語とする国々の数は二十数カ国にも及んでいます。そこにはアラビア語を基軸にしたイスラーム文化を誇るアラブ世界が存在し、諸君を待ち受けています。

さてアラビア語はセム系の言語に属しますが、イスラーム台頭以前（ジャーヒリーヤ時代）にアラビア半島で使われていた諸言語のうち特に北アラビア語はこの時代にすでに隆盛していた詩作を通じて普遍的な意味を備えた言語という側面を持ち得ていました。やがてイスラームが 7 世紀に台頭すると、アッラーから下された啓示は預言者ムハンマドを通じてコーランに結晶しますが、その時北アラビア語はアッラーの言葉をコーランに表記する言語の栄誉を担いました。爾来このアラビア語は決して死語となることなく、イスラーム教の教典・コーランの言葉としてイスラーム文化の核心部を成しながら今日まで生き続けているのです。

本書では諸君がアラブ世界に力強く息づいているアラビア語を使って、アラブ社会に一歩を踏み出すための一助となることを心掛けました。まずアラブ人が日常会話に使っているアラビア語を効果的に学ぶために、会話の場面や人物や話題の設定を工夫しました。また効果的な学習のために、本書における会話の場面は具体的にエジプトにし、まずエジプトを手始めにして彼等の日常生活や慣行などを例にして会話を進めながら、他のアラブ世界へも少しずつ視野を広げられるように試みました。

アラブ世界には数多くの方言があり、エジプトもその例にもれませんが、本書ではアラブ世界に共通の正則アラビア語（フスハー）と呼ばれる、いわば文語としてのアラビア語を中心に学びます。諸君はまずフスハー・正則アラビア語を学んでから後に、それぞれの国で日常使われている方言（アーンミーヤ）を学ぶのがよいでしょう。このフスハーを学ぶには見事に構成されたアラビア語の文法の学習が必要であり、また一番の近道となりますから、必要に応じて最小限度の文法の説明も加えました。また母音符号の箇所（xvi ページ）で述べましたように、新聞や本に見られるアラビア語には母音符号が付してありません。本書では文の全てに母音符号を付し、片仮名による読み方をつけましたが、諸君は先ず片仮名を見ずに読めるようになることを目指し、さらに母音符号がなくても読めることを目標にしてください。この書を学習した後は、アラビア語をさらに体系的に学び、文字を介して繰り広げられるアラブ・イスラーム文化の世界に諸君が分け入ってゆくことを願っています。

2003 年 3 月 14 日

奴田原睦明

本書でこんなことが言えるようになります

船は6時に動きだしました。
2時間ほどナイルの上で過ごすことになります。
第7課
ダンサーだ！
一緒に踊ろうよ。
第12課
どうぞ、このTシャツは安いよ！
けっこうです。
いりません。
これらは香水の瓶なんですよ。
第12課
こんなのを探していたのよ。
I ♥ Egypt
第14課
つまり、それは日本製なんだね！
私は、外国の映画の方が好きだわ。
特に、インド映画が好きなの。
「キャプテン・マージド」っていう番組がある？
それ、日本の漫画なのよ。

本書でこんなことが言えるようになります

第 10 課
降りません。でも、冬にはときどき雨が降りますよ。
昼間は日差しが強いようですね。この時期には、雨は降らないんですか？
第 8 課
彼は東京から小包が届いた、と言ったの。それを受け取りに、郵便局に行かなければならないのよ。
そこから小包を取ってくるために、ユースフを使いに出しましょう。
第 15 課
冬にもいらっしゃい。
エジプトはお気に召しましたか？
第 15 課
もちろんです。この美しい日々を私は忘れないでしょう。

こうすれば話せます

（この本を上手に使って効率よく身につけよう－本書の使い方）

▶本書は、主にエジプトに赴任することとなった商社マンとその家族を対象にしています。したがって、商社マンである夫だけでなく、家族にも使っていただけます。本文の方もそんな田中一家と現地のムスタファ一家との間でおおむね繰り広げられていきます。
▶会話内で使われる重要フレーズは人間生活に必要な概念（会話タイトルの下に配置）に従ってつくりました。これは冒頭のガチャマン(以下説明あり）同様、本書の特色です。
　では、以下に各ページのより良い活用法を記しましたので、それを読んだ上で本文にのぞんでみてください。

ガチャマン　「はじめに」の次のページから見開き４ページにわたって広がる**イラストマンガ**のことです。ここに出ている吹き出し内の重要フレーズは、吹き出し付近に書かれた「**第～課**（اَلدَّرْسُ / アッダルス）」を見れば、アラビア語でどう言うのかがわかるようにしてあります。このイラストは、各課の基本会話の下にも配置されているので、絵で見る目次としても役に立つでしょう。

ガチャマンを利用して、言いたいフレーズをすぐに取り出してください。

これを繰り返せば――**話せます**

文字と発音および文型と特徴　ここを読んでから本文に入る人は少ないと思います。ただ、いきなり本文に入ってわからないことがあれば、このページに戻ってみてください。そうすれば、より理解度が増して、**話せる**ようになります。

本　文　各課８ページで構成されています。これが15課、合計120ページです。また、原則として２課毎に「ちょっとチェック」用練習問題が出てきます。

――**本文構成**――

１～２ページ：基本会話と訳文が完全対応しています。また出た順に単語も抜き出しているので辞書なしでも読めるでしょう。またタイトルの下にあるのは**概念**です。この概念にそったフレーズがさらにこの課で紹介されています。
اَلْقِطَّةُ بُوسِي **の「基本構文です。最低これだけは！」**―猫のブースィーがポイントを説明します。各課で扱う重要フレーズをそのままのせました。
３ページ：こう答えるとこうなる！―詳しくは本文ページ 4 参照。
４ページ：この課で身につく文法 ―各課の内容を把握するための最低限の文法を１ページに収めました。
５ページ：使える表現 ―現地でそのまま使えるように「私」が主語の、「私」の使える表現を主にあげました。

6ページ：現地会話に馴染もう!! ―現地の人が使う特有の言い回し満載の小会話です。覚える必要はありません。はじめのうちは添付**CD**を聞いてただひたすら慣れ親しむだけでも構いません。もう一歩進んだアラビア語を覚えたい、と思ったら見てください。

7ページ：アラブ紙上体験 ―写真で見るアラブ世界の様子。エジプト以外のアラブ諸国の風景も収めました。各課3シーンずつ配置しました。

8ページ：現地の習慣などについて簡単に説明してある**コラム**。読めばアラブ世界に行ってから必ず役に立つ情報ばかりです。

この課で身につけたことで、できること－各課で身につけたことで、具体的にどんなことができるのかを記したものです。役立つ表現を身につけたのだ、ということが一目で確認できます。

ここでちょっとチェック！―練習問題です。詳しくは本文ページ *18* 参照。

文法のページや現地会話では少々難解なものも載せましたが、これは現地に行ってから役に立つものばかりですから、無理に覚える必要はありません。必要になってから見ればそれで充分です。

会話で楽しみ、使える表現や解いた問題を繰り返し口に出し、写真やコラムのページで一休み。

これを繰り返せば―――**話せます**

歌　よく知られているエジプトの歌「**あの人は気付かない**」が添付**CD**に収録されています。本にはその原詞と訳詞を載せました。聞きたくなったら**CD-55**にいつでもアクセスしてください。

どんどん聴いてください。

これをきっかけにアラブへの興味が深まれば―――**話せます**

以下、**付録**（内容については目次参照）**、重要表現集50、文法補足、語句リスト厳選約500**と、付記のページも備えてあります。アラビア語を身につけた後も、ぜひ持ち歩いて繰り返し見てください。

添付CDについて

本文ページ内のマークのついているところが**CD**に収録された箇所です。そして、そのマークの上の**“CD-”**の後に続く番号が頭出しの番号です。**文字・発音**のページは主に例として挙げられたアラビア語の単語が、**基本会話**は日本語タイトル、アラビア語タイトル、会話の順で、**使える表現**はタイトル、日本語、アラビア語の順で、**現地会話に馴染もう!!**はタイトル、会話の順で、**ここでちょっとチェック！**はタイトル、問題および解答に出てくるアラビア語の順でそれぞれ収録されています。**CD**を聞きながら、本を眺めるところから始めてみるとよいでしょう。

目　次

楽曲提供 － أحمد عميرة

吹き込み － نورهان سعود （ヌルハーン・スウード）
ريهام ابوسريع （リハーム・アブセリーア）
أحمد عميرة （アフマド・エメーラ）
علاء الدين سليمان （アラーエルディーン・スライマーン）
榮谷温子

CD-2

1．アラビア語の文字と発音

a) アラビア語の文字

アラビア語の文字は全部で 28 文字からなります。それ以外にハムザ (ء) とター・マルブータ (ة) がありますが、まずその 28 文字についてその書き方と発音を学びましょう。

まず書き方ですが、アラビア語を書くときは、**右から左へ**と書きます。大文字と小文字の区別はありませんが、独立した形と、他の文字と続けて書かれる場合の、語頭形、語中形、語尾形という 3 つの形とがあります。

アラビア文字を表にまとめてみましょう。

名　称	独立形	語　尾	語　中	語　頭	音表記
'alif　アリフ	ا	ـا	ـا	ا	なし
bā'　バー	ب	ـب	ـبـ	بـ	b
tā'　ター	ت	ـت	ـتـ	تـ	t
thā'　サー	ث	ـث	ـثـ	ثـ	th
jīm　ジーム	ج	ـج	ـجـ	جـ	j
ḥā'　ハー	ح	ـح	ـحـ	حـ	ḥ
khā'　ハー	خ	ـخ	ـخـ	خـ	kh
dāl　ダール	د	ـد	ـد	د	d
dhāl　ザール	ذ	ـذ	ـذ	ذ	dh
rā'　ラー	ر	ـر	ـر	ر	r
zāy　ザーイ	ز	ـز	ـز	ز	z
sīn　シーン	س	ـس	ـسـ	سـ	s
shīn　シィーン	ش	ـش	ـشـ	شـ	sh
ṣād　サード	ص	ـص	ـصـ	صـ	ṣ
ḍād　ダード	ض	ـض	ـضـ	ضـ	ḍ
ṭā'　ター	ط	ـط	ـطـ	طـ	ṭ
dḥā'　ザー	ظ	ـظ	ـظـ	ظـ	dḥ
'ain　アイン	ع	ـع	ـعـ	عـ	‘
ghain　ガイン	غ	ـغ	ـغـ	غـ	gh
fā'　ファー	ف	ـف	ـفـ	فـ	f
qāf　クァーフ	ق	ـق	ـقـ	قـ	q
kāf　カーフ	ك	ـك	ـكـ	كـ	k
lām　ラーム	ل	ـل	ـلـ	لـ	l
mīm　ミーム	م	ـم	ـمـ	مـ	m
nūn　ヌーン	ن	ـن	ـنـ	نـ	n
hā'　ハー	ه	ـه	ـهـ ـهـ	هـ	h
wāw　ワーウ	و	ـو	ـو	و	w
yā'　ヤー	ى ي	ـى ـي	ـيـ	يـ	y

アラビア語の文字が**2つのグループに分かれている**ことに気がつきます。第1のグループは、大部分の文字がこれに属しますが、必ず**次に来る文字につながるグループ**です。

もうひとつのグループは、**次の文字につながらず、その文字までで切れてしまうグループ**で、ا（アリフ）、د（ダール）、ذ（ザール）、ر（ラー）、ز（ザーイ）、و（ワーウ）の6文字があります。これら文字が単語の中途に現れたときには、次の文字は語頭形をとることになります。

なお、ة（ター・マルブータ）は語尾にのみ現れる文字なので、語頭形・語中形はありません。

ء（ハムザ）は、語頭ではا（アリフ）を台にして、أ あるいは إ のように書かれます。語中や語尾では、ا（アリフ）、و（ワーウ）、下に点のない ى（ヤー）を台にするか、単独で書かれます。

b) アラビア語の発音

発音についてはすでに英語を外国語として学んだことのある方が多いと思いますから、英語の発音を応用するなど、比較的発音が容易な文字についてまず述べ、次にアラビア語に固有の発音をもつ、注意を要する文字について説明します。

ا　これ自体の**固有の音はありません**。詳しくは、ハムザ (ء) や母音の項を参照して下さい。

ب (b)

ت (t)

ث (th)　英語の think の th です。

ج (j)

د (d)

ذ (dh)　英語の that の th です。

ر (r)　巻き舌の r です。

例：رَادِيُو ラジオ　رُزٌّ 米

ーユィデーラ　ズッル

ز (z)

س (s)

ش (sh)　英語の ship の sh です。

ف (f)

ك (k)

ل (l)

م (m)

ن (n)

ه (h)

و (w)

ي (y)

ة (-(a)t, -(a)h)　語尾にのみ現れる文字。ت が「**開かれたター（ター・マフトゥーハ）**」と呼ばれるのに対し、これは「**結ばれたター（ター・マルブータ）**」と呼ばれます。発音は、ت (t) と同じですが、この文字の前には必ず「ア」の母音が現れます。「**2. アラビア語の文型と特徴**」も参照して下さい。

以下の文字にはアラビア語特有の発音が見られますから、練習が必要です。

ح (ḥ)　咽頭の奥の方から発する無声音です。凍えた手に息をかけて暖めるときの要領です。

例：حَالٌ 状態　حُلْوٌ 甘い
ルーハ　ウルフ

خ (kh)　喉の奥をこすらせて出す k に近い摩擦音です。

例：خَوْخٌ 桃　خِفْتُ 私は恐れた
フウハ　ゥトフヒ

ط (ṭ)　ت (t) の強調音。舌先を上歯の付け根辺りにつけ、舌の後部を押し上げるようにして舌の真中にくぼみを作り、「タ」と発音します。ت (t) と比較しながら発音練習をしましょう。

例：تَابَ 彼は悔いた　طَابَ 彼は良くなった
バータ　バータ

تِينٌ いちじく　طِينٌ 粘土
ンーィテ　ンーィテ

ص (ṣ)　س (s) の強調音。舌先を上歯の付け根辺りに近付け、舌の後部を押し上げるようにして舌の真中にくぼみを作り、「サ」と発音します。س (s) と比較しながら発音練習をしましょう。

例：سَيْفٌ 剣　صَيْفٌ 夏
フイサ　フイサ

سُورَةٌ（コーランの）章　صُورَةٌ 写真
ラース　ラース

ض (ḍ)　د (d) の強調音。舌先を上歯の付け根辺りにつけ、舌の後部を押し上げるようにして舌の真中にくぼみを作り、「ダ」と発音します。د (d) と比較しながら発音練習をしましょう。

例：دَرْبٌ 小道　ضَرْبٌ 殴打
ブルダ　ブルダ

دُرُوسٌ 授業、課（複数）　ضُرُوسٌ 臼歯（複数）
スールゥド　スールゥド

ظ (dh)　ذ (dh) の強調音。舌先を上下の歯ではさみ、舌の後部を押し上げるようにして舌の真中にくぼみを作り、「ザ」と発音します。ذ (dh) と比較しながら発音練習をしましょう。

例：نَذَرَ 捧げる　نَظَرَ 見る
ラザナ　ラザナ

مَحْذُورٌ 危険　مَحْظُورٌ 禁止された
ルーズハマ　ルーズハマ

ع (ʻ)　ح (ḥ) が無声音であるのに対して、ع は有声音となり、咽頭の奥の方を引き締めながら「ア」と声を出します。

例：عَامٌ 1年　عِنْدَ ～のもとに
ムーア　ダンイ

غ (gh)　خ (kh) が無声音であるのに対して、غ は有声音です。

例：غَابَةٌ 森　غُرْفَةٌ 部屋
バーガ　ファルグ

ق (q)　ك (k)よりさらに咽頭の奥の部分で発音します。比較して練習しましょう。

例：كَلْبٌ 犬　قَلْبٌ 心臓、心
ブルカ　ブルカ

كُرَةٌ 球、玉　قُرًى 村々
ラク　ンラク

ء (ʼ)　咳をするときのように、閉じられた声門がぱっと開く音です。

例：أَسَدٌ ライオン　إِبْرَةٌ 針　أُسْتَاذٌ 教授
ゥドサア　ラブイ　ズータスウ

جَاءَ 彼が来た　رَئِيسٌ 大統領　جَاؤُوا 彼らが来た
アーャジ　スーイラ　ーウーャジ

c) 母音

アラビア文字は、基本的に、ا（アリフ）以外は子音を表すだけです。母音は、次に示す母音記号を、文字の上下に付すことで表されます（**コーランや初等読本以外では、母音記号は省略されるのが普通**ですが、本書では、すべての単語に母音符号を付しています）。

アラビア語の母音には、「ア」「イ」「ウ」の3つの短母音と、その各々に対応する「アー」「イー」「ウー」の3つの長母音があります。さらに「アイ」「アウ」の2つの二重母音があります。

1 短母音

َـ アの母音を表す記号で、**ファトハ**と呼ばれます。

例：كَتَبَ 彼は書いた　دَرَسَ 彼は勉強した

バタカ　サラダ

ِـ イの母音を表す記号で、**カスラ**と呼ばれます。

例：بِهِ 彼によって　لَكِ 貴女のために

ヒビ　キラ

ُـ ウの母音を表す記号で、**ダンマ**と呼ばれます。

例：هُوَ 彼　عُمَرُ ウマル（男性の名）

ワフ　ルマウ

2 長母音

「アー」は、「ア」を示すファトハ記号の後に、ا（アリフ）を書いて表します。

例：مَا 何？　نَامَ 彼は寝た

ーマ　マーナ

あるいは、ファトハの後に、下に点のない ى を書いたり、ٰـ（**短剣のアリフ**と呼ばれる記号）で表すこともあります。

例：إِلَى ～へ　هٰذَا これ

ーライ　ーザーハ

「イー」は、「イ」を示すカスラ記号の後に、ي（ヤー）を書いて表します。

例：فِي ～の中に　جِيرَانٌ 近所の人々

ーィフ　ンーラージ

「ウー」は、「ウ」を示すダンマ記号の後に、و（ワーウ）を書いて表します。

例：مُوسَى ムーサー（男性の名）　طُولَ ～の間中

ーサーム　ラーゥト

3 二重母音

「アイ」は、「ア」を示すファトハ記号の後に、ي（ヤー）を書いて表します。

例：بَيْنَ ～の間に　إِلَيْهِ 彼に

ナイバ　ヒイライ

「アウ」は、「ア」を示すファトハ記号の後に、و（ワーウ）を書いて表します。

例：أَوْ あるいは　فَوْقَ ～の上に

ウア　カウァフ

d) その他の発音記号

1 ـْ 母音のつかないことを表す記号で、**スクーン**と呼ばれます。

例：مَنْ 誰？　قَبْلَ ～の前に

ンマ　ラブカ

2 ـّ 母音が介在しないで同じ子音が2つ続くときに使われる**シャッダ**という記号で、促音のように発音されます。

例：مَدَّ 彼は伸ばした　ظَنَّ 彼は考えた

ダッマ　ナンザ

3 タンウィーン

これは語尾が n（ン）の音で終わることで、文法的には、その名詞や形容詞が非限定であることを意味します。タンウィーンには、ـٌ（ウン）、ـٍ（イン）、ـً（アン）、の3種類があり、それぞれ主格、所有格、対格を示します。**「2. アラビア語の文型と特徴」**を参照して下さい。

例：كِتَابٌ 本が　كِتَابٍ 本の　كِتَابًا 本を

ンブータキ　ンビータキ　ンバータキ

4 آ マッダ

これは أ の後に長母音の「アー」が来た場合、أا と書く代わりに、このマッダ記号を使い、آ と書きます。

例：اَلْقُرْآنُ クルアーン（コーランのこと）

ンーアルクルア

5 ٱ ハムザトル・ワスル

この記号のついたアリフは発音しません。

e) アクセント

1 長母音を含む語では、語尾に近い長母音にアクセントがおかれます。

例：اَلْقَاهِرَةُ カイロ　اَلْيَابَانُ 日本

ラヒーカルア　ンーバーヤルア

2 ただし、2音節の語では、最初の音節にアクセントがおかれます。

例：أَيْنَ どこ？　مَتَى いつ？

ナイア　ータマ

3 3音節以上の語で、長母音を含まない語では、次の2つのようになります。

①最後から2番目の音節が子音で終わっていれば、そこにアクセントがおかれます。

例：أَمُرُّ 私は通りかかる　مُحَمَّدٌ ムハンマド（男性の名）

ルッムア　ドマンハム

②最後から2番目の音節が母音で終わっていれば、最後から3番目の音節にアクセントがおかれます。

例：أَكْتُبُ 私は書く　أَحْمَدُ アフマド（男性の名）

ブゥトクア　ドマフア

2. アラビア語の文型と特徴

アラビア語の文型は、V-S-O が基本です。主語を強調したいときは S-V-O の文型もよく使われます。

قَهْوَةً	مُحَمَّدٌ	شَرِبَ	
ワフカ	ドマンハム	バリャシ	
（珈琲）	（ムハンマド）	（彼は飲んだ）	ムハンマドは珈琲を飲みました。

قَهْوَةً	شَرِبَ	مُحَمَّدٌ	
ワフカ	バリャシ	ドマンハム	
（珈琲）	（彼は飲んだ）	（ムハンマド）	ムハンマドが珈琲を飲みました。

主語の人称・性・数によって、動詞の形が決まっているので、主語を表す代名詞は言わなくてもわかりますし、言わない方がむしろ自然です。

また、「大きい家」などのように、名詞を形容詞で修飾する際には、日本語や英語とは逆の語順になり、形容詞を名詞の後におきます。同様に、「少年のかばん」などのように、所有関係を表す際には、「～の」という所有する側を、所有されるものより後におきます。

كَبِيرٌ	بَيْتٌ / الْوَلَدِ	حَقِيبَةُ
ルービカ	トイバ／ドラワル	トバーキハ
大きい	家／少年（の）	かばん

アラビア語には、英語の定冠詞 the にあたる、اَلْ（アル）があります。the と違って、次に来る名詞につなげて書かれます。なお、a, an にあたる冠詞は、アラビア語にはありません。اَلْ（アル）のついていない名詞は、非限定名詞ということになります。

اَلْ（アル）の発音上の注意が2つあります。

1 その前に別の単語が来て、続けて発音される場合、最初の اَ （ア）は、ハムザトル・ワスル ٱ （**「d. その他の発音記号」**を参照）となって、発音されません。

例：اَلْجَامِعَةُ + مَكْتَبَةُ → مَكْتَبَةُ ٱلْجَامِعَةِ　大学の図書館

アミーャジ・ルア　トバタクマ　アミーャジ・ルトバタクマ

2 اَلْ が、**太陽文字**（اَلْحُرُوفُ ٱلشَّمْسِيَّةُ）と呼ばれる子音 ت (t), ث (th), د (d), ذ (dh), ر (r), ز (z), س (s), ش (sh), ص (ṣ), ض (ḍ), ط (ṭ), ظ (ḍh), ل (l), ن (n) で始まる名詞に付いたときには、ل は、その太陽文字に同化します。太陽文字の子音は、歯や歯茎のあたりで発音され、ل (l) に発音の位置が近いためです。結果として、ل (l) は次に来る太陽文字に同化され、その太陽文字がダブって発音されることになります。

例：تِلِيفُونٌ + اَلْ = اَلتِّلِيفُونُ　電話

ンーフーリィテ　ルア　ンーフーリィテッア

例：لُغَةٌ + اَلْ = اَللُّغَةُ　言語

ガル　ルア　ガルッア

ちなみに、太陽文字以外の子音は、**月文字**（اَلْحُرُوفُ ٱلْقَمَرِيَّةُ）と呼ばれます。

アラビア語の特徴として良く言われるのは、名詞や形容詞の格変化の厳密なことです。以下に、非限定名詞と、اَلْ（アル）がついた名詞の２つの例を挙げます。

	主格（～が）	**所有格**（～の）	**目的格**（～を）
「本」كِتَابٌ（非限定）	كِتَابٌ ンブータキ	كِتَابٍ ンビータキ	كِتَابًا ンバータキ
「本」اَلْكِتَابُ（限定）	اَلْكِتَابُ ブータキルア	اَلْكِتَابِ ビータキルア	اَلْكِتَابَ バータキルア

非限定の場合は、すでに**「d. その他の発音記号」**のところでも紹介した、タンウィーンと呼ばれる語尾になっています。目的格の語尾に、アリフの文字 ا が付け加えられているのにも注意して下さい（ただし、ター・マルブータ ة で終わる名詞は、目的格でも、アリフ ا をつけません）。

これに対して、限定の場合は、n 音を伴わない語尾をとっています。

しかし、中には、非限定の場合でも n 音を伴わず、かつ所有格と目的格が同じ語尾になる名詞もあります。

	主格（〜が）	**所有格**（〜の）／**目的格**（〜を）
エジプト مِصْرُ	مِصْرُ ルスミ	مِصْرَ ラスミ
「友達」أَصْدِقَاءُ （不規則複数）	أَصْدِقَاءُ ウーカィデスア	أَصْدِقَاءَ アーカィデスア

しかし、現在のアラビア語では、口語では格語尾はほぼ失われていますし、この本で学ぶ**正則語**（フスハー）でも、日常使われるアラビア語では格語尾をきっちり発音することは少なくなっています。格語尾を正確に把握することは大切なことではありますが、実際にアラビア語を話すときは、語尾の母音をあまり気にせずに、話して良いのです。

また、主に女性形の語尾として現れるター・マルブータ ةَ も、話したり読み上げたりするときは、よく発音が省略されます。例えば、**男子学生** طَالِبٌ （ターリブン）の語尾に、ター・マルブータ ةَ を付けて、**女子学生** طَالِبَةٌ という単語を作ることができますが、この単語は格に関わらず「ターリバ」とだけ発音されることが多いです。

つまり、最初に述べた、V-S-O、名詞-形容詞、被所有物-所有者といった語順を守ることで、文やフレーズの中でのそれぞれの単語の働きが了解されるため、格語尾を明示しなくても、きちんと意味が伝わるのです。

同じようなことが、動詞の語尾にも言えます。本書では、基本を押さえるため、動詞の未完了形の接続形、短形などを、区別して説明してありますが、**実際に話すときには、あまり語尾の細かい違いを気にしなくても大丈夫**です。心配せずに、どんどんアラビア語を話してみましょう。

アラビア文字の書き方

独立形	語尾	語中	語頭	音表記
ا	ـا		ا	——
ب	ـب	ـبـ	بـ	b
ت	ـت	ـتـ	تـ	t
ث	ـث	ـثـ	ثـ	th
ج	ـج	ـجـ	جـ	j
ح	ـح	ـحـ	حـ	ḥ
خ	ـخ	ـخـ	خـ	kh
د	ـد		د	d
ذ	ـذ		ذ	dh
ر	ـر		ر	r
ز	ـز		ز	z
س	ـس	ـسـ	سـ	s
ش	ـش	ـشـ	شـ	sh
ص	ـص	ـصـ	صـ	ṣ
ض	ـض	ـضـ	ضـ	ḍ
ط	ـط	ـطـ	طـ	ṭ
ظ	ـظ	ـظـ	ظـ	ḍh
ع	ـع	ـعـ	عـ	‘
غ	ـغ	ـغـ	غـ	gh
ف	ـف	ـفـ	فـ	f
ق	ـق	ـقـ	قـ	q
ك	ـك	ـكـ	كـ	k
ل	ـل	ـلـ	لـ	l
م	ـم	ـمـ	مـ	m
ن	ـن	ـنـ	نـ	n
ه	ـه	ـهـ / ـهـ	هـ	h
و	ـو		و	w
ي	ـي	ـيـ	يـ	y
ء	——	——	——	’
ة	ـة	——	——	(a)t / h

※点や母音符号は後から書きます。

主な登場人物の紹介

田中一家

田中一郎（タナカイチロウ）

（47歳）　貿易会社勤務

これまで何回か出張でアラブ諸国を訪れたことがあるが、今回初めて駐在員としてエジプトに派遣される。家族揃ってカイロに来たかったが、大学生の長女は東京に残ることになり、実はちょっと淋しい。

田中君子（タナカキミコ）

（43歳）　一郎の妻

初めてのアラブ諸国にとまどい気味だが、好奇心は旺盛。ムスタファさん夫妻やお手伝いさんたちの助けを借りながら、エジプトでの生活を満喫しようとする。

田中由美子（タナカユミコ）

（20歳）　田中夫妻の娘

父の海外転勤で待望の一人暮らしを始める。仏文科の2年生。夏休みにエジプトに遊びにくる。

田中勇（タナカイサム）

（16歳）　由美子の弟

両親とともにエジプトに来て、今はカイロ郊外のアメリカン・スクールに通う高校生。ムスタファの息子のアフマドと仲が良く、アフマドを通してエジプトの日常生活に触れてゆく。

ムスタファ一家

ムスタファ・カーミル

（50歳）　貿易会社勤務

事務所のベテラン職員。一郎も出張の度に世話になっていた。皆に頼りにされる人物である。今回も親切に田中一家の面倒を見てくれる。

ファーティマ・フサイン

（42歳）　ムスタファの妻

大学の図書館員として働いている。仕事と家事を両立させて頑張る元気な女性。目下の悩みは息子の成績である。

ダリヤ・ムスタファ・カーミル

（24歳）　ムスタファの娘

英文科を卒業した後、銀行に勤めている。大学時代の同級生と婚約しているが、結婚はまだ先のこと。

アフマド・ムスタファ・カーミル

（17歳）　ムスタファの息子

父の同僚の息子である勇と仲良し。将来はカイロ大学で日本語を専攻したいと考えているが、あまり勉強しないので、母のファーティマにしょっちゅう叱られている。

CD-3

اَلدَّرْسُ ٱلأَوَّلُ　أَنَا بِخَيْرٍ، أَيْضًا.

アナービハイルン　アイダン

「～です」／呼びかけ・あいさつ

ت = اَلسَّيِّدُ تَانَاكَا / م = اَلسَّيِّدُ مُصْطَفَى / ك = اَلسَّيِّدَةُ كِيمِيكُو / إ = إِيسَامُو

ت: اَلسَّلَامُ عَلَيْكُمْ، يَا سَيِّدُ مُصْطَفَى.

アッサラーム　アライクム　ヤー　サイイド　ムスタファー

م: وَ عَلَيْكُمُ ٱلسَّلَامُ. كَيْفَ حَالُكَ ؟

ワアライクムッサラーム　カイファ　ハールカ

ت: اَلْحَمْدُ لِلّٰهِ أَنَا بِخَيْرٍ. شُكْرًا. وَكَيْفَ حَالُكَ ؟

アルハムドゥリッラー　アナービハイルン　シュクラン　ワカイファ　ハールカ

م: اَلْحَمْدُ لِلّٰهِ. أَنَا بِخَيْرٍ، أَيْضًا.

アルハムドゥリッラー　アナービハイルン　アイダン

ت: هٰذِهِ زَوْجَتِي، يَا مُصْطَفَى.

ハーズィヒ　ザウジャティー　ヤー　ムスタファー

ك: تَشَرَّفْنَا. اِسْمِي كِيمِيكُو. وَ هٰذَا اِبْنِي «عِصَامٌ».

タシャッラフナー　イスミー　キーミーク　ワハーザー　イブニー　イサーム

م: صَحِيحٌ ؟ هَلْ أَنْتَ مُسْلِمٌ ؟

サヒーフ　ハル　アンタ　ムスリム

إ: نَعَمْ ؟ عَفْوًا ؟

ナアム　アフワン

بِخَيْرٍ	元気です
اَلسَّيِّدُ	（男性に）～さん
اَلسَّيِّدَةُ	（既婚女性に）～さん
اَلسَّلَامُ عَلَيْكُمْ	ごきげんよう
يَا	～よ（呼びかけ）
وَ عَلَيْكُمُ ٱلسَّلَامُ	ごきげんよう（答）
كَيْفَ	いかが、どんな
حَالٌ	状態
كَ	（男性の）あなたの
كَيْفَ حَالُكَ ؟	ごきげんいかがですか？
اَلْحَمْدُ لِلّٰهِ	おかげさまで（アッラーに讃えあれ）
شُكْرًا	ありがとう
وَ	そして
أَيْضًا	～もまた
هٰذِهِ	女これ
زَوْجَةٌ	妻
ي	私の
تَشَرَّفْنَا	光栄です
اِسْمٌ	名前
هٰذَا	男これ
اِبْنٌ	息子
صَحِيحٌ	本当の
هَلْ ～ ؟	～ですか？
أَنْتَ	（男性の）あなたは
مُسْلِمٌ	男イスラーム教徒
نَعَمْ؟	何ですって？
عَفْوًا؟	何ですって？

第１課　私も元気です

第１課のあらすじ：空港に到着した田中さん一家。ムスタファさんが、迎えに来てくれました。田中夫人が勇君の名前をアラビア語風に発音したのでムスタファさんはびっくり！

田＝田中氏／ム＝ムスタファ氏／君＝君子夫人／勇＝勇

田：こんにちは、ムスタファさん。

ム：こんにちは。ご機嫌いかがですか？

田：おかげさまで元気ですよ。ありがとう。お元気ですか？

ム：おかげさまで。私も元気です。

田：こちらが家内です、ムスタファ。

君：お会いできて光栄です。君子と申します。こちらが息子の「イサーム」です。

ム：本当ですか？　君はイスラームの教徒なの？

勇：え？　何ですって？

اَلْقِطَّةُ بُوسِي の「基本構文です。最低これだけは！」

ーィスーブタッキルア

アラブ人に尋ねてみよう。最後の部分を変えると、いろいろな質問ができますのよ。

- هَلْ أَنْتَ مُسْلِمٌ؟ 　ー君（男性）はムスリムですか？

ムリスム　タンア　ルハ

- نَعَمْ./- لَا، أَنَا مَسِيحِيٌّ. 　ーはい。／ーいいえ、私はキリスト教徒です。

ーヒーィスマ　ーナア　ーラ　ムアナ

قِطَّةٌ 猫 ／ نَعَمْ はい ／ لَا いいえ ／ مَسِيحِيٌّ キリスト教徒

★こう答えるとこうなる！

別の場面では、異なる表現が必要になってきます。ここでは本文の会話をもとに、他の文脈に対応した言い回しを見てゆきましょう。

“كَيْفَ حَالُكَ؟” (2 行目）の場合

→ **女性に対して**ならこうなる

كَيْفَ حَالُكِ؟　　ご機嫌いかがですか？
キルーハ ァフイカ

→ **複数に対して**ならこうなる

كَيْفَ أَحْوَالُكُمْ؟　　ご機嫌いかがですか？
ムクルーワハア ァフイカ

→ **そこそこ元気**と答えるならこうなる

بَيْنَ بَيْنَ.　　まあまあ（中位）です。
ナイバナイバ

→ **風邪をひいている**と答えるならこうなる

عِنْدِي بَرْدٌ.　　風邪をひいています。
ドルバーイデンイ

“هَلْ أَنْتَ مُسْلِمٌ؟” (7 行目）の場合

→ **女性に対して**ならこうなる

هَلْ أَنْتِ مُسْلِمَةٌ؟　　あなたはムスリマ（女性のイスラーム教徒）ですか？
マリスム イテンアルハ

→ **自分が仏教徒**と答えるならこうなる

لاَ، أَنَا بُوذِيٌّ. / أَنَا بُوذِيَّةٌ.　　いいえ、私は仏教徒（男性／女性）です。
ヤーィズーブーナア ーィズーブーナア ーラ

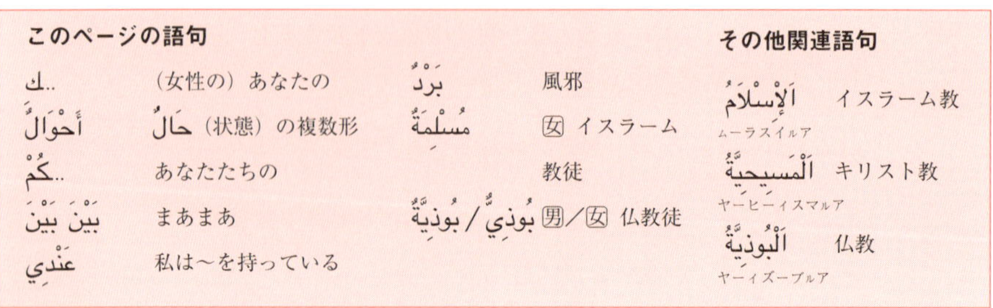

このページの語句

..كِ	（女性の）あなたの
أَحْوَالٌ	حَالٌ（状態）の複数形
..كُمْ	あなたたちの
بَيْنَ بَيْنَ	まあまあ
عِنْدِي	私は～を持っている
بَرْدٌ	風邪
مُسْلِمَةٌ	女 イスラーム教徒
بُوذِيٌّ / بُوذِيَّةٌ	男／女 仏教徒

その他関連語句

اَلْإِسْلَامُ（ムーラスイルア）	イスラーム教
اَلْمَسِيحِيَّةُ（ヤーヒーィスマルア）	キリスト教
اَلْبُوذِيَّةُ（ヤーィズーブルア）	仏教

この課で身につく文法

1. ◯◯は～です

アラビア語では「◯◯は～です」と言うとき、英語の be 動詞のような語は必要ありません。「◯◯は～」と並べてしまうだけでよいのです。

2. 「私は～です」「あなたは～です」（人称代名詞と性・数）

アラビア語の人称代名詞は数のほか、性によっても形が変わることがあります。主なものを見てみましょう（巻末には全ての人称代名詞が表にして挙げてあります）。また、主語の性・数にあわせて述語の形も変わります。

أَنَا يَابَانِيَّةٌ. ヤーニーバーヤーナア	私は日本人（女性）です。
أَنْتَ مِصْرِيٌّ. ーリスミ　ーナア	あなた（男性）はエジプト人です。
نَحْنُ بُوذِيُّونَ. ンーユーィズーブ ヌハナ	私たちは仏教徒です。
أَنْتُمْ مُسْلِمُونَ. ンームスリム　ムゥトンア	あなたたちはイスラーム教徒です。
هُوَ سُورِيٌّ. ーリース　ワフ	彼はシリア人です。

メモ　ただし、بِخَيْرٍ（元気です）は主語が変わっても変化しません。

3. 「私の～」「あなたの～」

名詞の後に、接続形代名詞をつけます。この接続形代名詞は、「～の」だけでなく、「～を」と言うときにも使える便利なものです（ただし「私の」と「私を」だけは形が異なります）。巻末の一覧表も活用して下さい。

اِبْنِي (= اِبْنٌ + ي) ーニブイ	私の息子
بِنْتُكَ (= بِنْتٌ + كَ) カゥトンビ	あなたの娘
أُسْرَتُهَا (= أُسْرَةٌ + هَا) ーハゥトラスウ	彼女の家族

1 「私の～」では、名詞の語尾の母音が消えます。

2 語尾に ة がある名詞に接続代名詞をつけると、ة は ـتـ となります。

CD-4

使える表現

1. 田中さん～ (اَلسَّيِّدُ تَانَاكَا—敬称)

「～さん」という敬称にはいろいろあり、使い分けられています。主なものは、次の通りです。

田中さん（男性に対して） → اَلسَّيِّدُ تَانَاكَا
ーカーナータ ゥドイイサッア

ファーティマさん（結婚している女性に対して） → اَلسَّيِّدَةُ فَاطِمَةُ / مَدَامْ فَاطِمَةُ
マィテーァフ ムーダマ マィテーァフ ダイイサッア

ダリヤさん（未婚女性に対して） → اَلآنِسَةُ دَالْيَا
ーヤルーダ サニーアルア

ムスタファ先生／サナー先生（教師でなくても、敬称として使われます） → 男 اَلْأُسْتَاذُ مُصْطَفَى / 女 اَلْأُسْتَاذَةُ سَنَاءُ
ーナサ ザータスウルア　ーァフタスム ズータスウルア

カースィム先生／フダー博士（医者や博士、大学の先生に対して） → 男 اَلدُّكْتُورُ قَاسِمٌ / 女 اَلدُّكْتُورَةُ هُدَى
ーダフ ラーゥトクゥドッア　ムィスーカ ルーゥトクゥドッア

ムハンマドさん／ナディヤさん（メッカ巡礼を終えた人に対して） → 男 اَلْحَاجُّ مُحَمَّدٌ / 女 اَلْحَاجَّةُ نَادِيَةُ
ヤィデーナ ャジッーハルア　ゥドマンハム ジッーハルア

2. あいさつ (اَلسَّلَامُ عَلَيْكُمْ – وَعَلَيْكُمُ السَّلَامُ)

一日中、会ったときも別れるときも使える万能あいさつ。次のようなあいさつもあります。

おはよう —（答）おはよう → صَبَاحُ ٱلْخَيْرِ – صَبَاحُ ٱلنُّورِ
ルーヌンフーバサ　ルイハルフーバサ

今晩は —（答）今晩は（夕方頃から） → مَسَاءُ ٱلْخَيْرِ – مَسَاءُ ٱلنُّورِ
ルーヌンウーサマ　ルイハルウーサマ

さようなら —（答）再会の時まで → مَعَ ٱلسَّلَامَةِ – إِلَى ٱللِّقَاءِ
イーカリ ルライ　ィテマーラサ ッアマ

（男性に）おやすみなさい — おやすみなさい（女性に対する答） → تُصْبِحُ عَلَى خَيْرٍ – وَأَنْتَ مِنْ أَهْلِه
ヒリハア ンミィテンアワ　ルイハ ーラア ハビスウト

（女性に）おやすみなさい — おやすみなさい（男性に対する答） → تُصْبِحِينَ عَلَى خَيْرٍ – وَأَنْتِ مِنْ أَهْلِه
ヒリハアンミ タンアワ　ルイハーラア ナーヒビスウト

CD-5

★現地会話に馴染もう!!

أ = أحمد = ア = アフマド／س = سعيد = サ = サイード

お助け語句リスト

مَا لَكَ؟	（男性に対して）どうしたの？	سَلَامَتُكَ	（男性に対して）お大事に（直訳：あなた〔男性〕の無事）
تَعْبَانُ	疲れた、具合が悪い	اَللّٰهُ يُسَلِّمُكَ	君もね（上記の答、男性に対して。直訳：アッラーがあなた〔男性〕をお守り下さいますよう）
يَعْنِي	つまり、まあね		
اَلْيَوْمَ	今日		

أ - صَبَاحُ ٱلْخَيْرِ، يَا سَعِيدُ !
ドーイサ ーヤ　ルイハルフーバサ
ア — おはよう、サイード！

س - صَبَاحُ ٱلنُّورِ، يَا أَحْمَدُ. كَيْفَ حَالُكَ؟
カルーハァフイカ　ドマハアーヤ　ルーヌンフーバサ
サ — おはよう、アフマド。元気？

أ - اَلْحَمْدُ لِلّٰهِ، بِخَيْرٍ ! وَأَنْتَ؟
タンアワ　ルイハビ ーラッリドムハルア
ア — おかげさまで元気だよ！　君は？

س - اَلْحَمْدُ لِلّٰهِ، أَنَا بِخَيْرٍ.
ルイハビ ーナア ーラッリドムハルア
サ — おかげさまで、元気だよ。

أ - مَا لَكَ؟ هَلْ أَنْتَ تَعْبَانُ؟
ンーバァタ タンアルハ　カラーマ
ア — どうしたの？　具合が悪いの？

س - يَعْنِي، اَلْيَوْمَ عِنْدِي بَرْدٌ.
ドルバ ーイデンイマゥヤルア　ーニァヤ
サ — まあね、今日は風邪をひいているんだ。

أ - سَلَامَتُكَ، يَا سَعِيدُ.
ドーイサ ーヤ　カゥトマーラサ
ア — お大事に、サイード。

س - اَللّٰهُ يُسَلِّمُكَ، يَا أَحْمَدُ. شُكْرًا.
ンラクュシ　ドマハア ーヤ　カムリッサユッーラッア
サ — 君もね、アフマド。ありがとう。

アラブ紙上体験 ①

▶「エジプトはナイルの賜」と言われているように、**ナイル河**（نَهْرُ ٱلنِّيل／ナフル　ニール）を語らずしてエジプトを語ることはできません。カイロの真ん中をナイル河は貫いて流れ、カイロの町に潤いと美しい景観を与えています。

▶カイロの町には由緒ある**モスク**（مَسْجِد〔マスジド〕または جَامِع〔ジャーミウ〕）が多い。写真は右側がリファーイ・モスクで左側がスルターン・ハサン・モスク。モスクの尖塔から聞こえてくる**祈りへの誘いの声**・أَذَان（アザーン）は一日を祈りの時刻で刻み、町全体に敬虔な空気を漂わせています。

▶カイロの路地裏もカイロっ子の日常が息づいていて興味深い。中でも**お茶屋**（مَقْهًى／マクハー）は彼等と直接接触でき、限りない喜びがあります。ここには分刻みではない悠久の流れに連なるもう一つの時の流れがあります。

アラビア語について

アラビア語は聖典「コーラン」の言葉として、決して死語となることなくイスラームの信仰や文化と共に今日に至るまで**十数世紀もの間生き続けてきた言語**です。アラビア語の母胎は古典北アラビア語に求められます。これはアラブ古詩の揺籃の地アラビア半島のネジド地方に生まれた言語ですが、アラブ古詩を産み出す言葉という役割を担っていたために、詩が持つ普遍性を備えるようになり、次第に方言的な域を越え、共通語の要素を備えつつやがて部族間の共通言語に発達していったものです。

アラビア語はセム語族（南セム）に属します。アッカド語（東セム）、ヘブライ語、アラム語（西セム）等も同じセム語族です。

アラビア語の成立の経緯から容易に想像できるように、アラビア語はイスラーム文化の進展と共に広大な版図を持つに至っています。東はオマーンから西はモーリタニアに至る、**二十数カ国の国々の公用語**となっています。この広大なアラブ世界に一度足を踏み込むとまさに濃密なアラビア語の世界となります。アラブ人はアラビア語を話し、イスラーム文化の所産の中で育まれ、イスラームに帰属する者という風に自らをアイデンティファイする人たちと言うことができると思いますから、自ずとアラビア語のウエイトは単なる言語的域を越えた重さを持ってくるのです。そのような言葉を我々外国人の口から彼らが聞くと、遠来の客人を迎える時のような感動を持ってアラブ人が我々を遇するというようなこともしばしばあります。

さてこのシリーズで学ぼうとするアラビア語はاَلْفُصْحَى（アルフスハー）と言われる文語、**標準アラビア語**です。後述するように、アラビア語には多くの方言があり、アラブ世界の様々な地の日常生活の中で数多くの方言が使われています。しかし私たちはアラブ人自身にもそうであるように、**全てに共通のたったーつしかないアラビア語、اَلْفُصْحَى**を学びます。それによってコーランをはじめとして全ての本や新聞を読むことができるようになります。それでは話すときにはどうするかというと、やはりاَلْفُصْحَىで話すのです。アラブ人自身にとっても彼らが共通に持つアラビア語はこのاَلْفُصْحَى以外にはありません。奥深いイスラーム文化を開示してくれ、濃密なアラビア語の世界に誘ってくれる鍵とも言えるアラビア語をご自分のものとして下さい。

◎この課で身につけたことで、できること

・自己紹介

أَنَااِسْمِي إِيتشيرو تَانَاكَا.

ーカーナータ ールーチーイ ーミスイ ーナア

私は、田中一郎といいます。

・簡単な質問と受け答え

- هَلْ أَنْت سُورِيَّةٌ ؟

ヤーリースィテンア ルハ

ーあなた（女性）はシリア人ですか？

- لاَ، أَنَا مِصْرِيَّةٌ.

ヤーリスミーナア ーラ

ーいいえ、私（女性）はエジプト人てす。

CD-6

اَلدَّرْسُ ٱلثَّانِي أَيْنَ ٱلْفُنْدُقُ؟

クゥドンフ・ルナイア

疑問／所有・存在

إ= إِيسَامُو / م= مُصْطَفَى / ك= كِيمِيكُو

إ: مَا ذٰلِكَ ٱلْمَبْنَى؟
ーナブマル　カリーザ　ーマ

م: ذٰلِكَ مَسْجِدُ ٱلنُّورِ. هُوَ مَسْجِدٌ كَبِيرٌ، أَلَيْسَ كَذٰلِكَ؟
カリーザカ　サイラア　ルービカ　ドジスマ　ワフ　ルーヌ・ンドジスマ　カリーザ

ك: نَعَمْ، حَقِيقَةً. وَأَيْنَ ٱلْفُنْدُقُ؟
クゥドンフ・ルナイア・ワ　ンタカーキハ　ムアナ

م: اَلْفُنْدُقُ فِي مَيْدَانِ ٱلتَّحْرِيرِ.
ルーリハタ　ッニーダイマ　ーィフクゥドンフ・ルア

هُنَاكَ فَنَادِقُ كَبِيرَةٌ وَكَثِيرَةٌ.
ラーィスカ　ワラービカ　クィデーナァフ　カーナフ

ك: هَلْ فِي ٱلْفُنْدُقِ بَنْكٌ؟
クンバ　クゥドンフ・ルィフ　ルハ

مَعَنَا دُولَارَاتٌ، وَلٰكِنْ لَيْسَتْ مَعَنَا نُقُودٌ مِصْرِيَّةٌ.
ヤーリスミ　ドークヌ　ーナアマ　トサイラ　ンキーラワ　トーラーラーゥド　ーナアマ

م: نَعَمْ، طَبْعًا. فِيهِ بَعْضُ ٱلْبُنُوكِ.
クーヌブ・ルゥドアバ　ヒーィフ　ンアブタ　ムアナ

أَيْنَ؟　どこ？
فُنْدُقٌ　ホテル
مَا؟　何？
ذٰلِكَ　男あれ
مَبْنًى　ビル、建物
مَسْجِدٌ　モスク
كَبِيرٌ　大きい
حَقِيقَةً　実に
مَيْدَانٌ　広場
فَنَادِقُ　ホテル（فُنْدُقٌ の複数形）
كَثِيرٌ　たくさん
فِي　～の中に、～に
بَنْكٌ　銀行
مَعَ　～と一緒に（所有を表す）
دُولَارَاتٌ　ドル（دُولَارٌ の複数形）
وَلٰكِنْ　でも、しかし
لَيْسَ　（否定）～ではない
نُقُودٌ　お金（複数形）、通貨
مِصْرِيٌّ　エジプトの
طَبْعًا　もちろん
بَعْضٌ　いくつかの
بُنُوكٌ　銀行（بَنْكٌ の複数形）

第２課　ホテルはどこですか？

第２課のあらすじ：ホテルに向かう車の中。窓から見えるのは何でしょう？ エジプトがはじめての君子夫人と勇くんが、ムスタファさんに尋ねます。

勇＝勇／ム＝ムスタファ氏／君＝君子

勇：あの建物は何？

ム：あれはヌール・モスクです。大きなモスクでしょう？

君：ええ、ほんとうに。それで、ホテルはどこですか？

ム：ホテルはタハリール広場にあります。

あそこには大きなホテルがたくさんあるんですよ。

君：ホテルに銀行はありますか？

私たちは米ドルをもっているんですけれど、エジプトのお金がないんです。

ム：はい、もちろんです。いくつか銀行が入っていますよ。

اَلْقِطَّةُ بُوسِي の「基本構文です。最低これだけは！」

会話の第一歩はたずねることから。もののたずね方を覚えよう。
単語を入れかえて、いろいろなものの場所を聞いてみましょう。

- أَيْنَ ٱلْبَنْكُ؟　一銀行はどこですか？
  クンバ・ルナイア
- اَلْبَنْكُ فِي شَارِعِ ٱلتَّحْرِيرِ.　一銀行は、タハリール通りにあります。
  ルーリハタ・ッイリーャシ　イフ　クンバ・ルア

＊ شَارِعٌ　通り

★こう答えるとこうなる！

“مَا ذٰلِكَ ٱلْمَبْنَى؟” (1 行目) の場合

→ **近くにあるもの**ならこうなる

مَا هٰذَا؟　　これは何？
ーザーハ　ーマ

→ **近くの人について尋ねる場合**ならこうなる

مَنْ هٰذَا؟　　この方はどなた？
ーザーハ　ンマ

“اَلْفُنْدُقُ فِي مَيْدَانِ ٱلتَّحْرِيرِ.” (4 行目) の場合

→ **タハリール広場の隣**ならこうなる

اَلْفُنْدُقُ بِجِوَارِ مَيْدَانِ ٱلتَّحْرِيرِ.　　タハリール広場の隣にあります。
ルーリハタ・ッニーダイマ リーワジ・ビ クゥドンフ・ルア

“مَعَنَا دُولَارَاتٌ، ~.” (7 行目) の場合

→ **所有しているという意味の別の言い方**ならこうなる

عِنْدِي دُولَارَاتٌ. / لَدَيَّ دُولَارَاتٌ.　　私はドルを持っています。
トーラーラーゥド　ヤイダラ　トーラーラーゥド　ィデンイ

→ **私が今、小銭を持っている**ならこうなる

مَعِي فَكَّةٌ.　　私は小銭を持っています。
カッァフ　ーイマ

このページの語句

مَنْ؟	誰？	تَحْتَ タハタ	～の下に	وَرَاءَ アーラワ	～の後ろに
بِجِوَارِ	～の隣に	حَوْلَ ラウハ	～の周りに	بِجَانِبِ ビニーャジ・ビ	～の隣に
لَدَى	～のもとに(所有を表す)	بَيْنَ ナイバ	～の間に	فُلُوسٌ スールフ	(複数で)お金
فَكَّةٌ	小銭、お釣り	خَارِجَ ャジリーハ	～の外に	شِيكٌ クーシ	小切手、チェック

その他関連語句

هُنَا ーナフ	ここ	دَاخِلَ ラヒーダ	～の内側に	يِنٌّ ンイ	円(通貨)
عَلَى ーラア	～の上に	أَمَامَ マーマア	～の前に	يِنَّاتٌ トーナンイ	円(يِنٌّ の複数形)
فَوْقَ カウァフ	～の上に				

この課で身につく文法

1. 大きなホテル（名詞と形容詞）

1 名詞を形容詞で修飾するときは、その形容詞を名詞の後ろに置きます。

（大きい）كَبِيرٌ（ルービカ）＋（ホテル）فُنْدُقٌ（クゥドンフ）「大きなホテル」→ فُنْدُقٌ كَبِيرٌ（ルービカ　クゥドンフ）

2 名詞の性や数にあわせて、形容詞の形が変わります。

（大きい）كَبِيرَةٌ（ラービカ）＋（大学㊛）جَامِعَةٌ（アミーャジ）「大きな大学」→ جَامِعَةٌ كَبِيرَةٌ（ラービカ　アミーャジ）

（小さな［双数］）صَغِيرَانِ（ニーラーギサ）＋（ホテル［双数］）فُنْدُقَانِ（ニーカゥドンフ）

「小さな 2 軒のホテル」→ فُنْدُقَانِ صَغِيرَانِ（ニーラーギサ　ニーカゥドンフ）

メモ アラビア語には、物や動植物を表す名詞の複数は文法上、女性単数扱いするという、ユニークな規則があります。

مَسَاجِدُ جَمِيلَةٌ（ラーミャジ　ドジーサマ）　「美しいモスク（単数 مَسْجِدٌ の複数）」

3 修飾される名詞が何らかの形で限定されている場合は、形容詞に定冠詞 اَلْ をつけます。

اَلْمَطْعَمُ ٱلْجَدِيدُ（ドーィデャジ・ルムアトマ・ルア）　「新しいレストラン」

メモ 形容詞に اَلْ をつけないと اَلْمَطْعَمُ جَدِيدٌ.（アル　マトアム　ジャディード）「そのレストランは新しい」という文になります。

2. 「あれはモスクです」と「あのモスク」（指示詞の用法）

1 「これは～です」「あれは～です」というときには、「これ」「あれ」という主語を、述語の性と数にあわせて替えます。

ذٰلِكَ مَسْجِدٌ.（ドジスマ　カリーザ）　あれ（それ）はモスクです。

2 「これ」「あれ」のあとの名詞に定冠詞 اَلْ がついていると、「この～」「あの～」という表現になります。

هٰذَا ٱلْمَيْدَانُ（ンーダイマ・ルザーハ）　この広場

هٰذِهِ ٱلْجَامِعَةُ（アミーャジ・ルビィズーハ）　この大学

CD-7

使える表現

1. どこですか？／だれですか？ (مَنْ؟ / أَيْنَ؟)

疑問詞を文頭において、いろいろな質問ができます。

学校はどこですか？ → أَيْنَ ٱلْمَدْرَسَةُ؟
サラドマ・ルナイア

あの人（男性）はどなたですか？ → مَنْ ذٰلِكَ ٱلرَّجُلُ؟
ルジュラ　カリーザ　ンマ

エジプトでの生活はいかがですか？ → كَيْفَ حَيَاتُكَ فِي مِصْرَ؟
ルスミ　ーィフ　カゥトーヤハ　ァフイカ

2. ～を持っています (… ～ مَعَ)

「～を持っている」と言うときには、「（誰々）と一緒に～がある」という表現を使います。今、身につけて持っているという言い方です。

私は大きな鞄を持っています。 → مَعِي حَقِيبَةٌ كَبِيرَةٌ.
ラービカ　バーキハ　ーイマ

一般的に「所有している」という表現には、عِنْدَ、لَدَى（～のもとに）を使います。

私は新しい自動車を持っています。 → عِنْدِي （لَدَيَّ） سَيَّارَةٌ جَدِيدَةٌ.
ダーィデャジ　ラーヤイサ　ヤイダラ　ーィデンイ

3. ～がありません (否定の لَيْسَ)

「～ない」というときの لَيْسَ は、主語の性や数、人称などによって形が変わりますが、とりあえず、男性単数形と女性単数形を見ておきましょう。

かばんの中に何も入っていません。 → لَيْسَ فِي ٱلْحَقِيبَةِ شَيْءٌ.
ウイャシ　バーキハ・ルィフ　サイラ

自動車は、建物の裏にはありません。 → لَيْسَتِ ٱلسَّيَّارَةُ وَرَاءَ ٱلْمَبْنَى.
ーナブマ・ルアーラワ　ラーヤイサ・ッィテサイラ

メモ لَيْسَ と主語との間に、別の句が割り込んでいる場合は、主語の性にかかわらず男性形 لَيْسَ を使ってかまいません。

私にはシリアのお金がありません。 → لَيْسَ / لَيْسَتْ عِنْدِي نُقُودٌ سُورِيَّةٌ.
ヤーリース　ドークヌ　ーィデンイ　トサイラ　　サイラ

★現地会話に馴染もう!!

ت = اَلسَّيِّدُ تَانَاك = 田 = 田中さん ／ ر = رَجُلٌ مِصْرِيٌّ = エ = 一人のエジプト人男性

お助け語句リスト

رَجُلٌ	男	أَلَيْسَ كَذٰلِكَ؟	～でしょう？、ね？
لَوْ سَمَحْتَ	（男性に対して）すみませんが	صَغِيرٌ	小さい
مِنْ فَضْلِكَ	（男性に対して）どうか（お願いするときの表現）	بِٱلضَّبْطِ	まさしく、そのとおり
عَالٍ	高い（高度）	عَفْوًا	どういたしまして

ت - لَوْ سَمَحْتَ.
タハマサ　ウラ
田 ― すみませんが。

أَيْنَ شَارِعُ ٱلْبُسْتَانِ، مِنْ فَضْلِكَ؟
カリドァフ　ンミ　シータスブ・ルウリーャシ　ナイア
ブスターン通りはどちらですか？

ر - هُنَاكَ مَبْنًى عَالٍ، أَلَيْسَ كَذٰلِكَ؟
カリーザカ　サイラア　ンリーア　ーナブマ　カーナフ
エ ― あそこに高い建物がありますね？

أَمَامَ ذٰلِكَ ٱلْمَبْنَى مَيْدَانٌ صَغِيرٌ.
ルーギサ　ンーダイマ　ーナブマ　ルカリーザ　マーマア
あの建物の前に小さな広場があります。

ت - هَلْ هُوَ مَيْدَانُ ٱلْفَلَكِي؟
ーギラァフ・ルヌーダイマ　ワフ　ルハ
田 ― それはファラキ広場ですか？

ر - بِٱلضَّبْطِ! بِجَانِبِ ٱلْمَبْنَى شَارِعُ ٱلْبُسْتَانِ.
シータスブ・ルウリーャシ　ーナブマ・ルビニーャジ・ビ　ドブダ・ッビ
エ ― そのとおり！　その建物の横にブスターン通りがあります。

ت - شُكْرًا.
ンラクュシ
田 ― ありがとう。

ر - عَفْوًا.
ンワフア
エ ― どういたしまして。

アラブ紙上体験 ②

▶水汲み途中のナイル・デルタの農村の娘。エジプトの農村では外出するときの女性は体の線がでないようゆったりした**黒衣**（مَلَايَةٌ／ミラーヤ）を着なければなりません。農村では性的刺激を与えるものが一切取り払われています。

▶エジプト農村の風物詩とも言うべき**鳩舎**（بُرْجُ ٱلْحَمَامِ／ブルジュルハマーム）の風景。エジプト人は鳩を好んで食べます。身を開いて炙ったり、中に詰め物をした اَلْحَمَامُ ٱلْمَحْشِي（アルハマーム　ルマフシィー）にして食べます。鳩舎は鳩の帰巣本能を利用したものですが、様々な形のものが見られ農村の景観に彩りを与えています。

▶野良でくつろぐ農民たち。男がくわえているのは جُوزَةٌ（ジョーザ）という名の**水キセル**。サダートの時代までは、ハシーシを嗜むのが一般の慣行だったが、ムバーラクの時代になると禁止されるようになりました。農村ではアルコールは以前から厳しく禁制品となっています。

アラビア語の方言

このテキストで勉強しているのはすでに述べましたようにアラビア語でاَلْفُصْحَىと言われ、文語あるいは標準アラビア語と一般に称されるもので、**アラブ世界に共通の言語**です。これに対してアラブ諸国においては、多かれ少なかれその国の生きた話し言葉、口語として多くの**方言**（اَلْعَامِّيَّةُ／アルアーンミーヤ）を持っています。方言は文語としてのاَلْفُصْحَىから、それぞれの地で話し言葉として派生したものです。**主な方言にはエジプト方言、シリア方言、マグレブ方言、イラク方言、湾岸方言など**があります。とりわけエジプト方言は映画やテレビの放送を通じてアラブ世界に広く普及し、支配的方言の観を帯びるに至っています。

例えば「**ご機嫌は如何ですか？**」という言い方は、文語では كَيْفَ حَالُكَ؟（カイファ　ハールカ）ですが、エジプト方言では、إِزَّيَّكْ؟（イザイヤク）となり、シリアでは كِيفَكْ؟（ケーファク）となり、イラクでは شْلُونَكْ؟（シュローナク）となるといった具合です。しかし先に述べましたように、エジプト方言は数ある方言の中でもアラブ世界に広く浸透した主要な方言であり、多くの秀作を擁する現代エジプトの小説を読むためにもエジプト方言の理解は必要に迫られています。そのような事情を反映してか、エジプト方言に関しては、Libraire du Liban から A Dictionary of Egyptian Arabic が出て、エジプトの方言理解には福音の書の観がありますが、他の方言に関してはこのような頼れる辞書は未だないのが現状です。

このように多様な方言を前にして私たちアラビア語を外国語として学ぶ者はどうしたらいいのでしょうか？先ず**اَلْفُصْحَى（標準アラビア語）を学びそれを基本にして話すべき**だと思います。もし標準アラビア語を学ばずに一つの方言だけを学ぶなら、其の地では会話に不自由しないかもしれませんが、其の地を出た途端に言葉が通じなくなり慌てることになるでしょう。その上方言だけではものを読むという大きな喜びから疎外されたまま、淋しい思いをしなければなりません。اَلْفُصْحَىをしっかり学び、その上で其の地の方言を会話の中に少しずつ取り入れながら、其の地の人々の生活の中にもとけ込んでゆきたいものです。

◎この課で身につけたことで、できること

・所有の表現

مَعَكَ حَقِيبَةٌ كَبِيرَةٌ.　あなたは大きな鞄をお持ちです。
（ラービカ　バーキハ　カアマ）

・場所を聞く

- أَيْنَ ٱلْبَنْكُ؟　－銀行はどこですか？
（クンバ・ルナイア）

- هُوَ فِي شَارِعِ مُرَادٍ.　－それはムラード通りにあります。
（ドーラム　ウリーャシ　ーイフ　ワフ）

CD-9

第1課と第2課を
ここでちょっとチェック！

ここでは、田中さんの同僚ムスタファさんが、アラビア語で自分の家や家族を紹介してくれます。

I. ムスタファさんのあいさつに答えましょう。

II. ムスタファさんのアラビア語を日本語に訳しましょう。

※ أُسْرَةٌ = 家族　اِبْنَةٌ（または بِنْتٌ）= 娘

III. ムスタファさんのセリフを完成させて下さい。

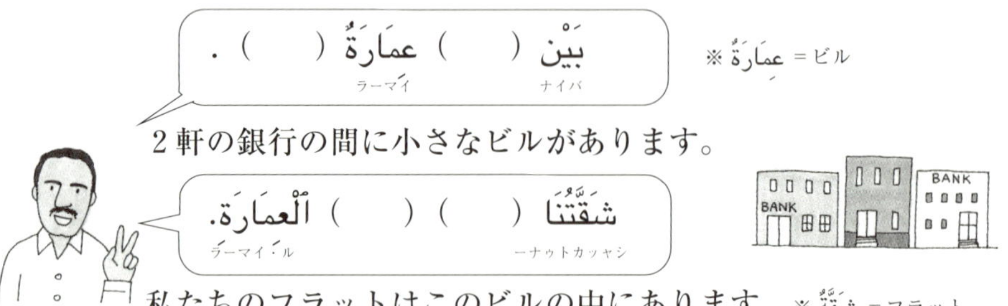

※ عِمَارَةٌ = ビル

2軒の銀行の間に小さなビルがあります。

私たちのフラットはこのビルの中にあります。※ شَقَّةٌ = フラット

それは田中さんの家から近いです。※ قَرِيبٌ = 近い／ مِنْ ＝ 〜から／ بَيْتٌ = 家

IV. アラビア語で言ってみましょう。

1）–おはようございます。ご機嫌いかがですか？

–おかげさまで元気です。ありがとう。

2）–学校は、ここから遠いですか？（بَعِيدٌ عَنْ = ～から遠い）

–いいえ、遠くはありません。

3）–銀行はどこですか？　エジプトのお金がないのです。

–エジプト銀行はビルの下にあります。

[解答]

I. وَعَلَيْكُمُ ٱلسَّلَامُ.
ムーラサッムクイラア・ワ

II. こちらが私の家族です。
私の妻は、名をファーティマと言います。
そして私の息子は、名をアフマドと言います。
それから私の娘は、名をダリヤと言います。

III. ٱلْبَنْكَيْنِ، صَغِيرَةٌ
ラーギサ　ンイカンバ

فِي، هٰذِهِ
ヒイズーハ　ーィフ

هِيَ، بَيْت، ٱلسَّيِّد
イデイイサ・ッイテイバ　ヤヒ

IV. 1) – صَبَاحُ ٱلْخَيْرِ. كَيْفَ حَالُكَ؟ – اَلْحَمْدُ لِلّٰهِ. أَنَا بِخَيْرٍ، شُكْرًا.
ンラクュシ ルイハ・ビ ーナア ーラッリ ドムハ・ルア　カルーハ　ァフイカ　ルイハ・ルフーバサ

2) – هَلِ ٱلْمَدْرَسَةُ بَعِيدَةٌ عَنْ هُنَا؟ – لَا لَيْسَتْ بَعِيدَةً.
ダーイバ　トサイラ　ーラ　ーナフ　ンア　ダーイバ　サラドマ　ルリハ

3) – أَيْنَ ٱلْبَنْكُ؟ لَيْسَ (لَيْسَتْ) مَعِي نُقُودٌ مِصْرِيَّةٌ. – بَنْكُ مِصْرَ تَحْتَ ٱلْعِمَارَةِ.
ラーマイ・ルタハタ　ルスミ　クンバ　ヤーリスミ　ドークヌ　ーイマ　トサイラ　サイラ　クンバ　ルナイア

CD-10

اَلدَّرْسُ ٱلثَّالِثُ　وَجَدْنَا شَقَّةً.

カッャシ ーナドャジワ

時制１（完了形）／好み

ك = كِيمِيكُو / ف = فَاطِمَةُ

ك: لَقَدْ وَجَدْنَا شَقَّةً أَخِيرًا فِي شَارِعِ طٰهٰ حُسَيْنٍ.
ンイサフ ーハータ ウリーャシ ーィフ ンラーヒア カッャシ ーナドャジワ ドカラ

ف: هٰذَا خَبَرٌ جَيِّدٌ. هَلْ أَعْجَبَتْكِ؟
キトバャジアア ルハ ドイイャジ ルバハ ーザーハ

ك: نَعَمْ. اَلْمَطْبَخُ وَاسِعٌ وَٱلصَّالُونُ جَمِيلٌ.
ルーミャジ ンールーサ・ッワ ウィスーワ フバトマ・ルア ムアナ

أَنَا مَسْرُورَةٌ جِدًّا. حَيْثُ نَظَّفْتُ ٱلشَّقَّةَ أَمْسِ تَمَامًا.
ンマーマタ ィスムア カッャシ ゥトフザッナ スイハ ンダッジ ラールスマ ーナア

ف: كَيْفَ حَالُ ٱبْنِكِ إِيسَامُو؟
ームーサーイ キニブ(イ・)ルーハ ァフイカ

ك: هُوَ نَشِيطٌ. ذَهَبَ إِلَى ٱلْمَدْرَسَةِ ٱلْيَوْمَ.
マウヤ・ルィテサラドマ・ルライ バハザ トーシナ ワフ

ف: وَٱللّٰهِ؟ هَلْ خَرَجَ وَحْدَهُ؟
フダハワ ャジラハ ルハ ヒーラ・ッワ

ك: لَا، رَكِبَ أُوتُوبِيسَ ٱلْمَدْرَسَةِ مَعَ أَصْدِقَائِهِ ٱلْمِصْرِيِّينَ.
ンーイーリスミ・ルヒイーカィデスア アマ サラドマ・ルサービーゥトーウ バキラ ーラ

وَجَدْنَا　私たちは見つけた（< وَجَدَ）
لَقَدْ　すでに
أَخِيرًا　ついに
طٰهٰ حُسَيْن　ターハー・フサイン（エジプトの大学者）
خَبَرٌ　ニュース、知らせ
جَيِّدٌ　良い
أَعْجَبَتْ　彼女が・それが～の気に入った（< أَعْجَبَ）
مَطْبَخٌ　台所
وَاسِعٌ　広い
صَالُونٌ　サロン
جَمِيلٌ　美しい
مَسْرُورٌ　嬉しい
جِدًّا　とても
حَيْثُ　そこで
نَظَّفْتُ　私は掃除した（< نَظَّفَ）
أَمْسِ　昨日
نَشِيطٌ　元気な、活動的な
ذَهَبَ　彼は行った
إِلَى　～へ
وَٱللّٰهِ؟　本当？
خَرَجَ　彼は出た
وَحْدَ...　（代名詞を伴って）～ひとりで
رَكِبَ　彼は乗った
أُوتُوبِيس　バス
أَصْدِقَاءُ　友達（複< صَدِيقٌ）

第３課　フラットを見つけました

第 3 課のあらすじ：君子さんとファーティマさんの奥さん同士のおしゃべり。田中さん一家は住まいを見つけてほっと一息ついているようです。

君＝君子／フ＝ファーティマ

君：やっとターハー・フサイン通りにフラットを見つけました。

フ：それは良い知らせだわ。フラットは気にいりましたか？

君：はい。お台所は広いし、サロンはきれいだし。

私はとても嬉しい。それで昨日フラットをすっかり掃除したわ。

フ：お坊ちゃんの勇くんはいかがです？

君：あの子は元気ですよ。今日は学校に行きました。

フ：ほんとに？　一人で出かけたんですか？

君：いいえ、エジプト人のお友達と一緒に、学校のバスに乗りました。

اَلْقِطَّةُ بُوسِي の「基本構文です。最低これだけは！」

「気に入った」の言い方。
誰が何を気に入ったか、いろいろ入れ替えて言ってみましょう。

أَعْجَبَنِي هٰذَا ٱلْفُنْدُقُ. クゥドンフ ルザーハ ーニバャジアア	私はこのホテルが気にいりました。
أَعْجَبَتْ هٰذِهِ ٱلْغُرْفَةُ بِنْتِي. ーィテンビ ァフルグ・ルヒィズーハ トバャジアア	私の娘はこの部屋が気にいりました。

＊ غُرْفَةٌ　部屋

★こう答えるとこうなる！

“نَعَمْ. ... .أَنَا مَسْرُورَةٌ جِدًّا.” (3～4 行目）の場合

→ **全然気に食わなくて怒っている**ならこうなる

لاَ، أَبَدًا! أَنَا غَضْبَانَةٌ جِدًّا.　いいえ、全然！　私、とっても怒ってるの。

ンダッジ　ナーバドガ　ーナア ンダバア　ーラ

“حَيْثُ نَظَّفْتُ ٱلشَّقَّةَ أَمْسِ تَمَامًا.” (4 行目）の場合

→ **今日、サロンをお掃除しただけ**ならこうなる

نَظَّفْتُ ٱلصَّالُونَ فَقَطْ ٱلْيَوْمَ.　私は今日サロンだけお掃除しました。

マウヤ・ルィテカァフ　ンールーサ　ッゥトフザッナ

→ **娘が自分の部屋しかお掃除しなかった、と言いたい**ならこうなる

مَا نَظَّفَتْ بِنْتِي إِلاَّ غُرْفَتَهَا.　私の娘は、彼女の部屋以外はお掃除しませんでした。

ーハタァフルグ ーラッイ ーイテンビ トァフザッナ ーマ

“هُوَ نَشِيطٌ.” (6 行目）の場合

→ **少々怠け気味**ならこうなる

هُوَ كَسْلاَنُ قَلِيلاً.　彼はちょっと怠けている。

ンラーリカ　ンーラスカ　ワフ

このページの語句

أَبَدًا	（否定辞とともに用いて）全然～ない
غَضْبَانُ	怒っている
مَا	（動詞完了形の否定）～しなかった
إِلاَّ	～以外は
كَسْلاَنُ	怠惰な
قَلِيلاً	少し

その他関連語句

اَلْمَاضِي	ーィデーマ・ルア	先～、昨～（مَاضٍ＞）
أُسْبُوعٌ	ウーブスウ	週
اَلأُسْبُوعُ الْمَاضِي	ーィデーマ ルウーブスウ ルア	先週
شَهْرٌ	ルハャシ	（暦の）月
اَلشَّهْرُ ٱلْمَاضِي	ーィデーマ・ルルハャシ・ッア	先月
سَنَةٌ / عَامٌ	ムーア　トナサ	年
اَلْعَامُ ٱلْمَاضِي / اَلسَّنَةُ ٱلْمَاضِيَةُ	ーィデーマ ルムーア ルア / ヤィデーマ ルトナサ ッア	去年
يَوْمٌ	ムウヤ	日
أَوَّلُ أَمْسِ	ィスムア ルワウア	一昨日

この課で身につく文法

1.「～しました」(動詞の完了形)

1 動作が終わったことを表す言い方では、動詞の語尾が主語の人称・性・数によって変わります。ذَهَبَ（ザハバ／行った）を例に、活用形を表にして挙げておきます。

	単数	双数	複数
3 人称（男性）	ذَهَبَ バハザ	ذَهَبَا ーバハザ	ذَهَبُوا ーブハザ
3 人称（女性）	ذَهَبَتْ トバハザ	ذَهَبَتَا ータバハザ	ذَهَبْنَ ナブハザ
2 人称（男性）	ذَهَبْتَ タブハザ	ذَهَبْتُمَا ーマゥトブハザ	ذَهَبْتُمْ ムゥトブハザ
2 人称（女性）	ذَهَبْتِ ィテブハザ		ذَهَبْتُنَّ ナンゥトブハザ
1 人称	ذَهَبْتُ ゥトブハザ	——	ذَهَبْنَا ーナブハザ

ごらんの通り「彼が～した」という、主語が3人称男性単数の形が、語尾のつかない基本の形で、この形が辞書の見出し語になっています（3人称男性複数の語尾の ا は、発音されません)。

2 活用語尾の前の基本形が、「ア」で終わる形（網かけ部分）と子音で終わる形（白い部分）とで変化する動詞もあります。

メモ 第 2 課で出てきた لَيْسَ も意味は未完了の否定ですが、このパターンで変化します。巻末の表を参照して下さい。

3 語順は「～した(動詞)」＋「～が(主語)」＋「～を(目的語)」が一般的です。

نَظَّفَتْ مَدَامُ فَاطِمَةُ ٱلْبَيْتَ.　ファーティマ夫人が家をお掃除しました。
トイバ・ルゥトマィテーァフムーダマ トァフザッナ

このように動詞が主語に先行している場合に限り、動詞は常に単数形を使います。

جَاءَ ٱلْأَصْدِقَاءُ إِلَى ٱلْبَيْتِ.　友人たちが家に来ました。
トイバ・ルライ ウーカィデスア・ルアーャジ

4 「～しなかった」と否定するには、動詞の前に مَا をつけます。

مَا أَعْجَبَ ٱلْمَطْعَمُ أَحْمَدَ.　そのレストランはアフマドの気に入りませんでした。
ドマハア　ムアトマ ルバャジアア ーマ

CD-11

使える表現

1. とても～、少し～ (جدًّا، قليلاً)

形容詞の後に جِدًّا や قَلِيلاً をつけて、程度を表すことができます。

私のフラットはとても広い。 → شَقَّتِي وَاسِعَةٌ جِدًّا.
シャカッティ ワースィアトゥン ジッダン

その広場はちょっと遠い。 → اَلْمِيدَانُ بَعِيدٌ قَلِيلاً.
アルマイダーン バイードゥン カリーラン

2. すでに～した (لَقَدْ ... / قَدْ) ／まだ～していない (مَا ... بَعْدُ)

لَقَدْ（ラカド）や قَدْ（カド）を動詞の前に置いて「すでに～した」という完了を強調する表現ができます。

勇はもう学校へ行ってしまいました。 → لَقَدْ ذَهَبَ إِيسَامُو إِلَى ٱلْمَدْرَسَةِ.
ラカド ザハバ イーサーム イラル・マドラサ

反対に、動詞の前に مَا（マー）をつけた否定文の文末に بَعْدُ（バアド）をつけると「まだ～していなかった」という言い方になります。

私はまだフラットをお掃除していません。 → مَا نَظَّفْتُ ٱلشَّقَّةَ بَعْدُ.
マー ナッザフトゥッ シャッカ バアド

3. 気にいった (أَعْجَبَ)

أَعْجَبَ（アアジャバ）という動詞で「(目的語) が (主語) の気に入った」という表現ができます。

このフラットが気にいりました。 → أَعْجَبَتْنِي هٰذِهِ ٱلشَّقَّةُ.
アアジャバトニー ハーズィヒッ シャッカ

ホテルはお気に召しましたか？ → هَلْ أَعْجَبَكَ ٱلْفُنْدُقُ؟
ハル アアジャバカル・フンドゥク

4. ほんとう？ (وَٱللّٰهِ)

وَٱللّٰهِ（ワッラーヒ）はもともと「アッラーにかけて～です」という誓いの文句。日常会話では「ほんとうに」とか、質問形にして「ほんとう？」というように使われています。

本当に私はディスコに行きませんでした。 → وَٱللّٰهِ مَا ذَهَبْتُ إِلَى «دِيسْكُو» أَبَدًا.
ワッラーヒ マー ザハブトゥ イラー ディースクー アバダン

CD-12

★現地会話に馴染もう!!

م = مُصْطَفَى = ム = ムスタファ／ س = سِكْرِتِيرَةٌ = 秘 = 秘書嬢

お助け語句リスト

كَتَبْتِ	あなた（女性）が書いた（<كَتَبَ）	أَرْسَلْتِ	あなた（女性）が送った（<أَرْسَلَ）
رِسَالَةٌ	手紙	قَبْلَ	～の前（前置詞）
سِفَارَةٌ	大使館	قَلِيلٌ	少ない、少しの
بِـ...	～で（前置詞）	اِتَّصَلْتُ	私が連絡した、電話した（<اِتَّصَلَ）
اَلْإِنْكِلِيزِيَّةُ	英語（イギリスの、という形容詞）	تِلِيفُونٌ	電話
طَيِّبٌ	良い	تَمَامٌ	完全な

م - هَلْ كَتَبْتِ رِسَالَةً لِلسِّفَارَةِ؟
ラーァフィス・ッリ ラーサリ ィテブタカ ルハ
ム — 大使館への手紙は書きましたか？

س - نَعَمْ. كَتَبْتُهَا بِٱلْإِنْكِلِيزِيَّةِ.
ヤーィズーリキンイ・ルビ ーハゥトブタカ ムアナ
秘 — はい。英語で書きました。

م - طَيِّبٌ. وَهَلْ أَرْسَلْتِ ٱلْفَاكْسَ إِلَى طُوكْيُو؟
ーュキーゥト ーライ スクーァフ・ルィテルサルア ルハ・ワ ブイイタ
ム — よろしい。それから、東京にファックスを送りましたか？

س - أَرْسَلْتُهُ قَبْلَ قَلِيلٍ.
ルーリカ ラブカ フゥトルサルア
秘 — さきほど送りました。

وَلَقَدِ ٱتَّصَلْتُ بِٱلتِّلِيفُونِ، أَيْضاً.
ンダイア ンーフーリィテ・ッビ ゥトルサタッ・ィデカラ・ワ
それから電話もしておきました。

م - تَمَامٌ!
ムーマタ
ム — よろしい！

س - آه، جَاءَ ٱلسَّيِّدُ تَانَاكَا!
ーカーナータ ドイイサ・ッアーャジ ーア
秘 — あ、田中さんがいらっしゃいました！

アラブ紙上体験 ③

▶白と黒のツートン・カラーですぐわかるカイロのタクシー。「タクシー」と呼べば通じるが、特に外国人の場合は値段の交渉に手間取ることもあります。背景は有名な本屋、**マドブーリー書店**（مَكْتَبَةُ مَدْبُولِي／マクタバト　マドブウリ̀ィー）。

▶自動車学校の看板。歩行者や車に対する様々なルールの指示がなされていますが、文字を読めない人も多く、**道路標識**（عَلَامَةُ ٱلْمُرُورِ／アラーマトル　ムルール）はあまり守られていないのが現実ですから、ルールに頼るよりは自分で注意するのが一番安全。

▶道路標識で、上から外務省、アラブ連盟、バス・ターミナル、**エジプト博物館**（اَلْمَتْحَفُ ٱلْمِصْرِيُّ／アル・マトハフル・ミスリーユ）の順になっています。

アラブ人の名前

一般にアラブ人の命名方は父方の家系を辿ってゆきます。例えば**ムスタファ**（مُصْطَفَى）という人に男児の赤ん坊が産まれ、**ハサン**（حَسَنٌ）という名をつけたとします。これが赤ん坊の名前になりますが、それではその子の名字は何かというと名字というものがあるわけではなく、その子は
حَسَن مُصْطَفَى というように男、つまり父親の系譜を辿ってゆくわけです。今度は女児が産まれ、赤ん坊は**ファーティマ**（فَاطِمَةُ）と命名されたとします。その子の父親の名が**アフマド**（أَحْمَدُ）だとしますと、その子は
فَاطِمَةُ أَحْمَد と呼ばれます。決して母親の名が出てくることはありません。男系の名を辿るということは、自分の名、次に父親の名、次に祖父の名、さらに曾祖父の名という具合に**限りなく男の系譜を遡ってゆく**のです。

しかしアラブ人も名字のようなものが必要とされる場合がありますが、そのような時には自分の家系の中で傑出した祖先の名をあたかも一家を代表する名字の如くに使うことがあります。しかしアラブの命名方からいえば、**全て名前の連結であって名字はあり得ない**のです。

アラブ人は家系を大変大事にし、何々家の誰だから何々だ、と人間評価も家系によることが少なくありません。ですから家の名を汚すということは重大な意味を持ってくるのです。家系に守られていると同時に家系に縛られているという面があるようです。結婚しても女性が名を変えるということはありませんから、パスポートを見ても私たち流に考えると、夫婦なのか否かはわからないどころか、共有する名字が見られないので夫婦ではないなどと外国では誤解されることもあるようです。

アラブ人の名は皆名前ですから何らかの意味を込めて命名されます。ですからアラブ人の名前には皆意味があり、とても興味深く、アラビア語の語彙を増やすのにも役立ちます。幾つか例を挙げますと、例えば**タンタウィー**（طَنْطَاوِي）はナイル・デルタにある町 طَنْطَا（タンター）に因んだ名で、地名から派生した名です。**美子**にあたるのは جَمِيلَةٌ（ジャミーラ）、**勝男**にあたるのは نَصْرٌ（ナスル）、**正男**にあたるのは عَادِلٌ（アーディル）という具合に好ましい意味をこめた名は沢山あります。だが何と言っても**アラブ世界で一番人気のある名は預言者ムハンマド（مُحَمَّدٌ）の名**です。中には
مُحَمَّدٌ مُحَمَّدٌ مُحَمَّدٌ という名の人さえいますが、これは祖父までが同じムハンマドという名であることを示しています。面白い名前が沢山ありますが、新しい名前に出会う度にその名の意味を確かめて大いにアラビア語の勉強に役立ててください。

◎この課で身につけたことで、できること

・過去の表現

ذَهَبْتُ إِلَى ٱلسِّفَارَةِ أَمْسِ.

ィスムア ラーァフィス・ッライ ゥトブハザ

私は昨日、大使館に行きました。

مَا جَاءَ ٱلسَّيِّدُ مُصْطَفَى إِلَى ٱلْمَكْتَبِ ٱلْيَوْمَ.

ムウヤ・ルビタクマ・ルライ ーァフタスム ドイイサ・ッアーャジ ーマ

今日ムスタファさんは事務所に来ませんでした。

CD-13

اَلدَّرْسُ ٱلرَّابِعُ　هَلْ تَدْرُسُ أُخْتُكَ ٱللُّغَةَ ٱلْإِنْكِلِيزِيَّةَ فِي ٱلْجَامِعَةِ؟

アミーャジ・ルィフ　ヤーィズーリキンイ・ルタガル　ッカゥトフウ・ッスルドタ　ルハ

時制 2（現在形〔未完了〕）／未来

أ= أَحْمَدُ / إ= إِيسَامُو

أ : هَلْ تَذْهَبُ إِلَى ٱلْمَدْرَسَةِ ٱلْأَمْرِيكِيَّةِ؟

ヤーキーリムア・ル　サラドマ・ルライ　ブハズタ　ルハ

إ : نَعَمْ. وَأَدْرُسُ ٱللُّغَةَ ٱلْإِنْكِلِيزِيَّةَ كُلَّ يَوْمٍ وَأَنَا تَعْبَانُ.

ンーバアタ　ーナア・ワ　ムウヤ　ラック　ヤーィズーリキンイ・ルタガル・ッスルドア・ワ　ムアナ

أ : هَلْ تَدْرُسُ أُخْتُكَ ٱللُّغَةَ ٱلْإِنْكِلِيزِيَّةَ فِي ٱلْجَامِعَةِ؟

アミーャジ・ルィフ　ヤーィズーリキンイ・ルタガル　ッカゥトフウ・ッスルドタ　ルハ

إ : لَا. لَا تَدْرُسُ ٱللُّغَةَ ٱلْإِنْكِلِيزِيَّةَ بَلِ ٱللُّغَةَ ٱلْفَرَنْسِيَّةَ.

ヤーィスンラァフ・ルタガル・ッリバ　ヤーィズーリキンイ・ルタガル・ッスルドタ　ーラ　ーラ

أ : مَعَ مَنْ تَسْكُنُ ٱلْآنَ؟

ンーア・ルヌクスタ　ンマ　アマ

إ : تَسْكُنُ وَحْدَهَا.

ーハダハワ　ヌクスタ

أ : مُسْتَحِيلٌ! تَسْكُنُ بِنْتٌ وَحْدَهَا؟ هٰذَا غَيْرُ مَعْقُولٍ!

ルークアマ　ルイガ　ーザーハ　ーハダハワ　トンビ　ヌクスタ　ルーヒタスム

إ : لِمَاذَا؟ عَلَى كُلِّ حَالٍ، سَتَجِيءُ إِلَى مِصْرَ فِي ٱلصَّيْفِ.

フイサ・ッィフ　ルスミ　ーライ　ウージタサ　ルーハ ルック ーラア　ーザーマリ

تَدْرُسُ　彼女は勉強する（< دَرَسَ）
أُخْتٌ　姉妹
لُغَةٌ　言語
إِنْكِلِيزِيٌّ　英国の
جَامِعَةٌ　大学
تَذْهَبُ　あなた（男性）は行く（< ذَهَبَ）
أَمْرِيكِيٌّ　アメリカの
كُلَّ يَوْمٍ　毎日
بَلْ　（否定文の後に続けて）～ではなくて・・・だ
فَرَنْسِيٌّ　フランスの
تَسْكُنُ　彼女は住んでいる（< سَكَنَ）
ٱلْآنَ　今
مُسْتَحِيلٌ　不可能な、ありえない
غَيْرُ　（形容詞の前に付けて）～でない
مَعْقُولٌ　合理的な、考えられる
عَلَى كُلِّ حَالٍ　ともかく
سَـ...　（未来形を作る）～だろう
تَجِيءُ　彼女は来る
صَيْفٌ　夏

第４課　お姉さんは大学で英語を勉強しているの？

第 4 課のあらすじ：田中さんの息子の勇くんと、ムスタファさんの息子のアフマドくん。すっかり仲良しになったようです。

ア＝アフマド／勇＝勇

ア：君はアメリカン・スクールに通っているの？

勇：うん。毎日英語を勉強しているんだ、疲れるよ。

ア：お姉さんは大学で英語を勉強しているの？

勇：いや。英語じゃなくて、フランス語を勉強しているんだ。

ア：今、お姉さんは誰と住んでいるの？

勇：一人暮らしだよ。

ア：まさか！　娘が一人暮らし？　それは考えられないことだよ！

勇：どうして？　ともかく、夏にはエジプトに来るよ。

اَلْقِطَّةُ بُوسِي の「基本構文です。最低これだけは！」

「住んでいます」という言い方。どこに住んでいるか質問してみましょう。

- أَيْنَ تَسْكُنُ؟ ―どちらにお住まいですか？
  ヌクスタ　ナイア
- أَسْكُنُ فِي طُوكِيُو. ―東京に住んでいます。
  ーユキーゥト　ーイフ　ヌクスア

★こう答えるとこうなる！

“وَأَدْرُسُ ٱللُّغَةَ ٱلْإِنْكِلِيزِيَّةَ كُلَّ يَوْمٍ وَأَنَا تَعْبَانُ.” （2 行目）の場合

→ **毎朝、ドイツ語を勉強する**ならこうなる

أَدْرُسُ ٱللُّغَةَ ٱلْأَلْمَانِيَّةَ كُلَّ صَبَاحٍ.　私は毎朝ドイツ語を勉強しています。

フーバサ　ラック　ヤーニーマルア・ルタガル・ッスルドア

“لَا تَدْرُسُ ٱللُّغَةَ ٱلْإِنْكِلِيزِيَّةَ بَلِ ٱللُّغَةَ ٱلْفَرَنْسِيَّةَ.” （4 行目）の場合

→ **大学で勉強しているのではなくて、専門学校で勉強している**ならこうなる

لَا تَدْرُسُ فِي ٱلْجَامِعَةِ بَلْ فِي ٱلْمَعْهَدِ.　彼女は大学ではなくて専門学校で勉強しています。

ドハアマ・ルイフ　ルバ　アミーャジ・ルイフ　スルドタ　ーラ

→ **彼女は学生ではなくて、事務所で働いています、と言う**ならこうなる

لَيْسَتْ طَالِبَةً بَلْ تَعْمَلُ فِي ٱلْمَكْتَبِ.　彼女は学生ではなくて、事務所で働いています。

ブタクマル　ーイフ　ルマアタ　ルバ　バリータ　トサイラ

“تَسْكُنُ وَحْدَهَا.” （6 行目）の場合

→ **おじいさん、おばあさんと住んでいる**ならこうなる

تَسْكُنُ مَعَ جَدِّهَا وَجَدَّتِهَا.　彼女はおじいさんとおばあさんと一緒に暮らしています。

ーハイテダッャジ・ワ　ーハッイデッャジ　アマ　ヌクスタ

このページの語句

أَلْمَانِيٌّ	ドイツの
صَبَاحٌ	朝
مَعْهَدٌ	研究所、専門学校
طَالِبَةٌ	女 学生
تَعْمَلُ	彼女は働いている（< عَمِلَ）
مَكْتَبٌ	事務所
جَدٌّ	おじいさん
جَدَّةٌ	おばあさん

その他関連語句

صِينِيٌّ ーニーィス	中国の	مَسَاءٌ ウーサマ	夕方
إِسْبَانِيٌّ ーニーバースイ	スペインの	لَيْلَةٌ ライラ	夜
رُوسِيٌّ ーィスール	ロシアの	طَالِبٌ ブリータ	男 学生
إِيطَالِيٌّ ーリーターイ	イタリアの	غَدًا ンダガ	明日
كُورِيٌّ ーリーク	朝鮮・韓国の	بَعْدَ غَدٍ ンィデガ　ダアバ	あさって
نَهَارٌ ルーハナ	昼	قَادِمٌ ムィデーカ	来たる～、翌～

この課で身につく文法

1．～しています、～します（動詞の現在形〔未完了〕）

1 まだ完了していない動作を表すときには、動詞の語頭と語尾の両方が主語の人称・性・数によって変わります。دَرَسَ（ダラサ／勉強する）を例に、活用形を表にして挙げてみましょう。

	単数	双数	複数
3人称（男性）	يَدْرُسُ スルゥドヤ	يَدْرُسَانِ ニーサルゥドヤ	يَدْرُسُونَ ナースルゥドヤ
3人称（女性）	تَدْرُسُ スルゥドタ	تَدْرُسَانِ ニーサルゥドタ	يَدْرُسْنَ ナスルゥドヤ
2人称（男性）	تَدْرُسُ スルゥドタ	تَدْرُسَانِ ニーサルゥドタ	تَدْرُسُونَ ナースルゥドタ
2人称（女性）	تَدْرُسِينَ ナーイスルゥドタ		تَدْرُسْنَ ナスルゥドタ
1人称	أَدْرُسُ スルゥドア	—	نَدْرُسُ スルゥドナ

2 دَرَسَ の二番目の語根「رُ」の母音に注意しましょう。دَرَسَ は辞書を見ると「u」という指示があるので、「رُ」となります。いくつかの例を挙げてみましょう。

第2語根が「a」の例　ذَهَبَ（行く）→ يَذْهَبُ
ブハズ・ヤ

第2語根が「i」の例　جَاءَ（来る）→ يَجِيءُ
ウージ・ヤ

3 なお、...يَـ「ヤ」、...تَـ「タ」、...أَ「ア」、...نَـ「ナ」の部分が、それぞれ、...يُـ「ユ」、...تُـ「トゥ」、...أُ「ウ」、...نُـ「ヌ」となるパターンの動詞もあります。巻末の表などでも確認して下さい。

نَظَّفَ（掃除する）→ يُنَظِّفُ（彼が掃除する）
フィズッナ・ユ

أَرْسَلَ（送る）→ نُرْسِلُ（我々が送る）
ルイスル・ヌ

4 「～しません」「～していません」と言うには、動詞の前に مَا（マー）又は لَا（ラー）をおきます。

لَا يَرْكَبُ إِيسَامُو ٱلْأُوتُوبِيسَ ٱلْيَوْمَ.　勇は今日、バスに乗りません。
ムウヤ・ルサービーゥトーウ・ル　ムーサーイ　ブカルヤ　ーラ

CD-14

使える表現

1. ～するでしょう (سَوْفَ / سَـ...)

未完了形の前に、سَـ... （サ）や سَوْفَ （サウファ）をつけると、未来を表す言い方になります。

私はアラビア語を勉強するでしょう。→ سَأَدْرُسُ ٱللُّغَةَ ٱلْعَرَبِيَّةَ.

ヤービラア・ルタガル・ッスルゥドア・サ

私たちは来週研究所へ行くでしょう。→ سَوْفَ نَذْهَبُ إِلَى ٱلْمَعْهَدِ فِي ٱلْأُسْبُوعِ ٱلْقَادِمِ.

ムィデーカ・ルイーブスウ・ルィフ　ドハアマ・ルライ　ブハズナ　ァフウサ

2. ～ではなくて…です (بَلْ の用法)

否定文のあとに بَلْ （バル）をつけると、「～ではなく…」という言い方ができます。

田中さん一家は、この通りではなくて ターハー・フサイン通りに住んでいます。→ لَا تَسْكُنُ أُسْرَةُ ٱلسَّيِّدِ تَانَاكَا فِي

ーイフ　ーカーナータ　ドイイサ・ッゥトラスウ　ヌクスタ　ーラ

هٰذَا ٱلشَّارِعِ بَلْ فِي شَارِعِ طٰه حُسَيْنٍ.

ンイサフ　ーハータ　ウリーャシ　ーイフ　ルバ　ウリーャシ・ッザーハ

これは私の車ではなくて、事務所の車です。→ هٰذِهِ لَيْسَتْ سَيَّارَتِي بَلْ سَيَّارَةُ ٱلْمَكْتَبِ.

ブタクマ・ルタラーヤイサ　ルバーィテラーヤイサ　トサイラ　ヒイズーハ

3. 「毎～」と「全～」(كُلّ の用法)

كُلّ （クッル）のあとに、名詞の非限定形（完全な裸の形）が来ると「毎～、各～」の意味になります。他方、定冠詞 اَلْ のついた名詞などが来ると「全～」の意味になります。

学生全員が一日中勉強しました。→ دَرَسَ كُلُّ ٱلطُّلَّابِ كُلَّ ٱلْيَوْمِ.

ムウヤ・ルラック　ブーラットゥ・ッルック　サラダ

学生たちは毎日、図書館に行きます。→ يَذْهَبُ ٱلطُّلَّابُ إِلَى ٱلْمَكْتَبَةِ كُلَّ يَوْمٍ.

ムウヤ　ラック　バタクマ・ルライ　ブーラットゥッ　ブハズヤ

★現地会話に馴染もう!!

د = دَالْيَا = ダ = ダリヤ／ف = فَاطِمَةُ = フ = ファーティマ夫人／و = وَلِيدُ = ワ = ワリード（ダリヤの婚約者）

お助け語句リスト

أَهْلاً وَسَهْلاً	いらっしゃいませ	قَهْوَةٌ	コーヒー
وَحَشْتَنِي	お会いしたかった（あなたは私をさびしがらせた）(< وَحَش)	أَعْمَلُ	わたしがする、作る（< عَمِل）
مَاذَا؟	なに？（動詞を含む文で مَا の代わりに使われる）	لَهُ	彼のために（< لِ：～のために → 代名詞 هُ が付くと لَ となる）
		يَرْجِعُ	彼が帰る（< رَجَعَ）
تَشْرَبُ	あなた（男性）は飲む（< شَرِبَ）	بَعْدَ قَلِيل	あと少しで、もうすぐ

د - أَهْلاً وَسَهْلاً!　ダ ― いらっしゃい！
（アハラン ワ・サハラン）

ف - أَهْلاً يَا وَلِيد!　フ ― いらっしゃい、ワリード！
（アハラン ヤー ワリード）

د - وَحَشْتَنِي.　ダ ― 会えなくてさびしかったわ。
（ワハシュタニー）

و - أَنْتِ أَيْضاً.　ワ ― 僕のほうだって。
（アンティ アイダン）

ف - مَاذَا تَشْرَبُ؟ هَلْ تَشْرَبُ قَهْوَةً؟　フ ― 何をお飲みになる？　コーヒーを飲まれる？
（マーザー タシュラブ　ハル タシュラブ カハワ）

و - شُكْرًا. مِنْ فَضْلِكَ.　ワ ― ありがとうございます。お願いします。
（シュクラン　ミン　ファドリカ）

د - أَعْمَلُهَا لَهُ، يَا أُمِّي.　ダ ― 私が入れるわ、お母さん。
（アアマルハー ラフー ヤー ウンミー）

ف - سَيَرْجِعُ مُصْطَفَى بَعْدَ قَلِيل.　フ ― ムスタファもすぐ帰って来るでしょう。
（サヤルジウ ムスタファー バアダ カリール）

アラブ紙上体験 ④

▶アラビア語の新刊本を扱っている本屋の内部。エジプトの前大統領**サダート**（اَلسَّادَاتُ／サーダート）を標題とする本を掲げている店員。

▶عَلِي بَابَا（アリー　バーバー）という名のエジプト風、カフェテリア・レストラン。ノーベル賞作家ナギーブ・マハフーズも常連でした。入り口には贈り物にする小物やカセット・テープが並んでいるのでレストランらしくないのですが、これもエジプト流。この店の看板にもありますが、**コーヒー・ショップ**をアラビア語で書くと كُوفِي شُوب（クーフィー　シューブ）となり、外国語をアラビア語へ翻字するには苦労することが多い。

▶こちらは本屋のさらに奥のコーナー。主に宗教関係の本が主流らしいのは立派な本の装丁、店員の顎髭や背後にあるナセルの肖像、その隣の**預言者**（مُحَمَّدٌ／ムハンマド）の額などから推察できます。

エジプトの小説

エジプトの作家、**ナギーブ・マハフーズ**（نَجِيبُ مَحْفُوظٌ）は 1988 年にノーベル文学賞を受賞しました。マハフーズはエジプトを代表する偉大な作家で、膨大な量の作品が既に書き残されていますが、古き良きエジプトを描いた三部作の第一巻、**バイナル・カスライン**（بَيْنَ ٱلْقَصْرَيْنِ）が邦訳されています。特に第二次世界大戦前後の激動の時代相を生きるカイロの市井人たちの姿を活写した一連の作品はエジプトを知る上で欠かせぬものとなっています。

さらにエジプトの作家としては、若き作家たちの領袖的存在として、**ユーセフ・イドリース**（يُوسُفُ إِدْرِيس）の名を挙げなければなりません。農村を舞台にした作品には、**禁忌**（اَلْحَرَامُ／ハラーム）がありますが、イドリースの作品は**エジプトが抱えている本質的な問題を深く掘り下げておりエジプトを知る上で極めて有効**です。エジプトの農村と言えば、先ず挙げられるのが、**アブドル・ラフマーン・シャルカーウィー**（عَبْدُ ٱلرَّحْمٰنُ ٱلشَّرْقَاوِي）の**大地**（اَلْأَرْضُ／アル・アルド）ですが、これはナイル・デルタを舞台にした農民の水争いをテーマにした作品です。以上の二作品も邦訳されています。

エジプトは首都**カイロ**（اَلْقَاهِرَةُ／アル・カーヒラ）を挟んで、北を**下エジプト**（اَلْبَحْرِي／アル・バハリー）と言い、南を**上エジプト**（اَلْقِبْلِي／アル・キブリー）と言います。上エジプトを描いた作品には、**ヤヒヤー・ハッキー**（يَحْيِي حَقِّي）の作品、**血と泥**（اَلدَّمَاءُ وَالطِّينُ／アッディマーウ・ワッティーン）があります。エジプトの文豪**タウフィーク・アルハキーム**（تَوْفِيقُ ٱلْحَكِيمُ）が上エジプトに役人として赴任した時の体験をもとに書いた**田舎検事の日記**（يَوْمِيَّاتُ ٱلنَّائِبِ فِي ٱلْأَرْيَافِ／ヤウミーヤートン・ナーイブ・フィル・アルヤーフ）も好個の作品ですが、これも邦訳があります。

エジプトの作家は層が厚く、上に挙げた作家たちの次の世代にも優れた作家がひしめいています。一例を挙げれば、**スヌアッラー・イブラヒーム**（صُنْعُ ٱللّٰهِ إِبْرَاهِيمُ）、**ジャマール・ギィターニー**（جَمَالُ ٱلْغِيطَانِي）、**エドワール・ハッラート**（إِدْوَارُ ٱلْخَرَّاطُ）等がいます。医者であり作家としてペンを握り、エジプト社会の矛盾点を鋭く糾弾する作家として　**ナッワール・サアダーウィー**（نَوَالُ سَعْدَاوِي）の名を挙げなければなりませんが、邦訳されたものとして**0度の女**（اِمْرَأَةٌ عِنْدَ نُقْطَةِ ٱلصِّفْرِ／イムラア・インダ・ヌクタ・スィフル）があります。サアダーウィーは男性による横暴がまかり通るエジプト社会に敢然とした対決の姿勢をとり、エジプトのみならず第三世界の女性を守るために立ち上がっている作家です。

◎この課で身につけたことで、できること

・今していることを言う

أَدْرُسُ ٱللُّغَةَ ٱلْإِنْكِلِيزِيَّةَ كُلَّ يَوْمٍ.　　私は毎日、英語を勉強しています。

ムウヤ ラック ヤーィズーリキンイ・ルタガル・ッスルドア

・未来にすることを言う

سَأَذْهَبُ إِلَى ٱلْبَنْكِ غَدًا.　　私は明日、銀行に行くでしょう。

ンダガ クンバ・ルライ　ブハズアサ

CD-16

第３課と第４課を ここでちょっとチェック！

I. カッコ内に適切な単語を入れ、勇君の話を完成させて下さい。

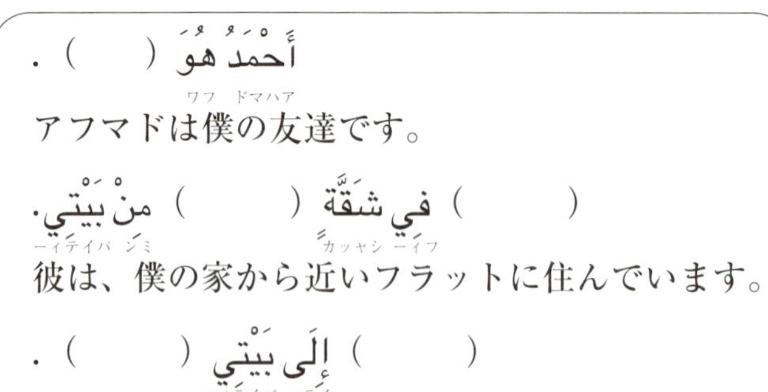

أَحْمَدُ هُوَ (　　) .
ワフ　ドマハア
アフマドは僕の友達です。

فِي شَقَّةٍ (　　) مِنْ بَيْتِي.
ーイテイバ ンミ　カッャシ ーイフ
彼は、僕の家から近いフラットに住んでいます。

(　　) إِلَى بَيْتِي (　　) .
ーイテイバ ーライ
彼は、昨日、僕の家に来ました。

II. ダリヤの話をアラビア語にして下さい。

今日、ワリードが私たちの家に来ました。

私は、コーヒーを入れました。

そして私たちは、そのコーヒーを飲みました。

でも、母はそれを飲まないで、お茶を飲みました。

※ شَايٌ ＝お茶

III. 勇君の日記を読んで、訳してみましょう。

1)

اَلْيَوْمَ ذَهَبْتُ إِلَى ٱلْمَدْرَسَةِ مَعَ أَصْدِقَائِي ٱلْمِصْرِيِّينَ.

ンーイーリスミ・ルイーカィデスア　アマ　サラドマ・ルライ ゥトブハザ ムウヤ・ルア

اَلْمَدْرَسَةُ بَعِيدَةٌ جِدًّا عَنِ ٱلْبَيْتِ. وَلٰكِنَّهَا أَعْجَبَتْنِي كَثِيراً.

ンラーィスカ ーニトバャジアア ーハナンキーラワ トイバ・ルニア ンダッジ　ダーイバ　サラドマ・ルア

※ كَثِيراً ＝大いに

2)

لَقَدِ ٱتَّصَلْنَا بِجَدِّي وَجَدَّتِي بِٱلتِّلِيفُونِ. هُمَا بِخَيْرٍ فِي ٱلْيَابَانِ.

ラカディッタサルナー・ビジャッディー・ワ・ジャッダティー・ビッティリーフーン フマー ビ・ハイリン・フィル・ヤーバーン

IV. 勇のお姉さんの由美子になったつもりで、アラビア語で答えて下さい。

1) هَلْ زُرْتِ مِصْرَ؟

ハル ズルティ ミスラ

2) مَاذَا تَدْرُسِينَ فِي ٱلْجَامِعَةِ؟

マーザー タドルスィーナ フィル・ジャーミア

3) هَلْ تَسْكُنِينَ مَعَ أُسْرَتِكِ ٱلْآنَ؟

ハル タスクニーナ マア ウスラティキ・ル・アーン

[解答]

I. صَدِيقِي ، يَسْكُنُ ، قَرِيبَةٌ ، جَاءَ ، أَمْسِ

サディーキー ヤスクヌ カリーバ ジャーア アムスィ

II. جَاءَ وَلِيدٌ إِلَى بَيْتِنَا ٱلْيَوْمَ.

ジャーア ワリードゥ イラー バイティナ・ル・ヤウム

عَمِلْتُ قَهْوَةً.

アミルトゥ カフワ

وَشَرِبْنَا ٱلْقَهْوَةَ.

ワ・シャリブナー・ル・カフワ

وَلٰكِنَّ أُمِّي مَا شَرِبَتْهَا بَلْ شَرِبَتْ شَايًا.

ワラーキンナ ウンミー マー シャリバトハー バル シャリバト シャーヤン

III. 1) 今日、僕は、僕のエジプト人の友人たちと学校に行きました。
学校は家からとても遠いのです。が、僕はとても気に入りました。

2) 僕たちは、祖父と祖母に電話をしました。二人は日本で元気にしています。

IV. ［解答例］

1) لَا. مَا زُرْتُ مِصْرَ بَعْدُ. وَلٰكِنِّي سَأَزُورُهَا فِي ٱلصَّيْفِ ٱلْقَادِمِ.

ラー マー ズルトゥ ミスラ バアドゥ ワラーキンニー サ・アズールハー フィッ・サイフィ・ル・カーディム

（いいえ。まだエジプトを訪れたことはありません。
でも、今度の夏にそこを訪れるつもりです。）

2) أَدْرُسُ فِيهَا ٱللُّغَةَ ٱلْفَرَنْسِيَّةَ. あるいは、أَدْرُسُ ٱلْفَرَنْسِيَّةَ هُنَاكَ.

アドルス フィーハッ・ルガタ・ル・ファランスィーヤ　アドルス・ル・ファランスィーヤ フナーカ

（私はそこでフランス語を学んでいます。）

3) لَا. ٱلْآنَ أَسْكُنُ وَحْدِي.　（いいえ。今は一人で住んでいます。）

ラー アル・アーン アスクヌ ワハディー

CD-17

اَلدَّرْسُ اَلْخَامِسُ　هَلْ مِنَ اَلْمُمْكِنِ أَنْ أَتَكَلَّمَ مَعَ أَحْمَدَ؟

ドマハア　アマ　マラッカタア　ンア　ンキムム・ルナミ　ルハ

可能／電話

إ = إيسامو / أ = أَحْمَدُ

إ : أَلُو. هَلْ مِنَ اَلْمُمْكِنِ أَنْ أَتَكَلَّمَ مَعَ أَحْمَدَ؟ أَنَا إِيسَامُو.

ームーサーイ　ーナア　ドマハア　アマ　マラッカタア　ンア　ンキムム・ルナミ　ルハ　ールア

أ : أَهْلاً، يَا إِيسَامُو. أَنَا أَحْمَدُ. كَيْفَ حَالُكَ؟

カルーハ　ァフイカ　ドマハア　ーナア　ームーサーイ　ーヤ　ンラハア

إ : اَلْحَمْدُ لِلّٰهِ. عَلَى فِكْرَةٍ، يَا أَحْمَدُ ، هَلْ

ルハ　ドマハア　ーヤ　ラクィフ　ーラア　ーラッリ　ドムハ・ルア

تَسْتَطِيعُ أَنْ تَخْرُجَ مَعِي غَدًا؟

ンダガ　ーイマ　ャジルフタ　ンア　ウーィテタスタ

أ : نَعَمْ، طَبْعًا. إِلَى أَيْنَ سَنَذْهَبُ؟

ブハズナサ　ナイア　ーライ　ンアブタ　ムアナ

إ : هَلْ نَسْتَطِيعُ أَنْ نَزُورَ اَلْأَهْرَامَ؟

ムーラハア・ルラーズナ　ンア　ウーィテタスナ　ルハ

أ : جَمِيلٌ! إِذَنْ، هَلْ مِنَ اَلْمُمْكِنِ أَنْ نَخْرُجَ بَعْدَ اَلظُّهْرِ؟

ルフズ・ッダアバ　ャジルフナ　ンア　ンキムム・ルナミ　ルハ　ンザイ　ルーミャジ

فِي يَوْمِ اَلْجُمْعَةِ، نَذْهَبُ إِلَى اَلْمَسْجِدِ فِي اَلظُّهْرِ وَنُصَلِّي هُنَاكَ.

カーナフ　ーリッサヌ・ワ　ルフズ・ッィフ　ドジスマ・ルライ　ブハズナ　アムュジ・ルミウヤ　ーィフ

مُمْكِنٌ　可能な
أَنْ　～すること
أَتَكَلَّمُ　私が話す（< تَكَلَّمَ）
أَلُو　もしもし
عَلَى فِكْرَةٍ　ところで
تَسْتَطِيعُ　あなたは～できる（< اِسْتَطَاعَ）
أَهْرَامٌ　ピラミッド（هَرَمٌ の複数形）
إِذَنْ　それでは
بَعْدَ　～のあと
اَلظُّهْرُ　正午
بَعْدَ اَلظُّهْرِ　午後
يَوْمُ اَلْجُمْعَةِ　金曜日
نُصَلِّي　私たちが礼拝する（< صَلَّى）

第５課　アフマド君とお話しできますか？

第 5 課のあらすじ：明日は金曜日。イスラーム世界では、金曜日が休日です。勇君はアフマド君に電話をして、一緒に出かけられるかたずねることにしました。

勇＝勇／ア＝アフマド

勇：もしもし。アフマド君とお話しできますか？　僕、勇です。

ア：やあ、勇。アフマドだよ。元気かい？

勇：うん。ところでアフマド、明日、僕と一緒に出かけられる？

ア：もちろんさ。どこに行く？

勇：ピラミッドに行ける？

ア：いいねえ！　それじゃあ、午後に出かけられるかい？

金曜日は、僕たち、正午にモスクに行って、礼拝をするから。

اَلْقِطَّةُ بُوسِي の「基本構文です。最低これだけは！」

動詞を変えて、できることをいろいろ言ってみましょう。

أَسْتَطِيعُ أَنْ أَتَكَلَّمَ ٱللُّغَةَ ٱلْعَرَبِيَّةَ.　私はアラビア語が話せます。

ヤービラア・ルタガル・ッマラッカタア　ンア　ウーィテタスア

مِنَ ٱلْمُمْكِنِ أَنْ أَذْهَبَ إِلَى هُنَاكَ ٱلْيَوْمَ.　今日、そこに行くことができます。

ムウヤ・ルカーナフ　ーライ　バハズア　ンア　ンキムム・ルナミ

★こう答えるとこうなる！

“أَنَا أَحْمَدُ.”（2 行目）の場合

→ **家族が電話に出て、ちょっとお待ち下さいと言う**ならこうなる

دَقِيقَةً وَاحِدَةً.　ちょっとお待ち下さい。

ダヒーワ　カーキダ

→ **アフマドがいない**ならこうなる

لَيْسَ مَوْجُوداً ٱلْآنَ.　彼は今いません。

シーア・ルニダーュジウマ　サイラ

“نَعَمْ، طَبْعاً.”（5 行目）の場合

→ **明日は忙しくて一緒に行けない**ならこうなる

أَنَا آسِفٌ. أَنَا مَشْغُولٌ غَداً.　ごめんね。明日は忙しいんだ。

ンダガ ルーグュシマ ーナア フィスーア ーナア

→ **風邪を引いてしまっていた**ならこうなる

فِي ٱلْحَقِيقَةِ عِنْدِي بَرْدٌ، وَلاَ أَسْتَطِيعُ أَنْ أَخْرُجَ.

ャジルフア ンア ウーィテタスア ーラ・ワ ドルバ ーィデンイ カーキハ・ルィフ

実は風邪をひいていて、出かけられないんだ。

“هَلْ نَسْتَطِيعُ أَنْ نَزُورَ ٱلْأَهْرَامَ؟”（6 行目）の場合

→ **博物館に行ってみたい**ならこうなる

هَلْ مِنَ ٱلْمُمْكِنِ أَنْ نُشَاهِدَ ٱلْمَتْحَفَ؟　博物館を見られるかな？

フハトマ・ルダヒーャシヌ ンア ンキムム・ルナミ ルハ

このページの語句

دَقِيقَةٌ	分
وَاحِدَةٌ	1（وَاحِدٌ）の女性形
دَقِيقَةٌ وَاحِدَةٌ	ちょっと待って（直訳：1分）
مَوْجُودٌ	存在する（形容詞）
آسِفٌ	すまない（形容詞）
مَشْغُولٌ	忙しい
حَقِيقَةٌ	真実
فِي ٱلْحَقِيقَةِ	実は
نُشَاهِدُ	私たちが見る、見物する（<شَاهَدَ）
مَتْحَفٌ	博物館

その他関連語句

سِينَمَا（ーマニーィス）	映画館
فِيلْمٌ（ムルーィフ）	映画、フィルム（複数：أَفْلاَمٌ）
اَلصَّحْرَاءُ（ウーラハサ・ッア）	沙漠
قَبْلَ الظُّهْرِ（ルフズ・ッラブカ）	午前
دَخَلَ（يَدْخُلُ）（ルフドヤ　ラハダ）	入った
لَعِبَ（يَلْعَبُ）（ブアルヤ　バイラ）	遊んだ
اِشْتَغَلَ（يَشْتَغِلُ）（ルギタュシヤ ラガタュシイ）	働いた
شُغْلٌ، عَمَلٌ（ルマア　ルグュシ）	仕事

この課で身につく文法

1. ～することができます（可能の表現 1）

～ أَسْتَطِيعُ أَنْ（アスタティーウ　アン）のあとにいろいろな動詞をつけて「私は～できます」という言い方ができます。ただし、أَنْ のあとに来る動詞の形に注意して下さい。4課で出てきた未完了形と語尾が少しちがい、接続形と言います。

再び دَرَسَ（ダラサ）を例に接続形活用を表にしてみましょう。

	単数	双数	複数
3人称（男性）	يَدْرُسَ サルゥドヤ	يَدْرُسَا ーサルゥドヤ	يَدْرُسُوا ースルゥドヤ
3人称（女性）	تَدْرُسَ サルゥドタ	تَدْرُسَا ーサルゥドタ	يَدْرُسْنَ ナスルゥドヤ
2人称（男性）	تَدْرُسَ サルゥドタ	تَدْرُسَا ーサルゥドタ	تَدْرُسُوا ースルゥドタ
2人称（女性）	تَدْرُسِي ーイスルゥドタ		تَدْرُسْنَ ナスルゥドタ
1人称	أَدْرُسَ サルゥドア	――	نَدْرُسَ サルゥドナ

メモ　接続形の活用の特徴は、語尾が「ア」で終わったり、語尾の نَ が落ちたりすることです。接続形は أَنْ（～すること）や لِ（～するため）の後で使われます。

なお、أَسْتَطِيعُ（アスタティーウ）は「私が～できる」という意味で、主語が変わると、形を変化させなければなりません（彼が～できる：يَسْتَطِيعُ［ヤスタティーウ］、私たちが～できる：نَسْتَطِيعُ［ナスタティーウ］など）。

2. ～することができます（可能の表現 2）

～ مِنَ ٱلْمُمْكِنِ أَنْ（ミナル・ムムキン　アン）の表現でも、やはり أَنْ の後にくる動詞は上で見た接続形です。この表現は主語が誰でも不変化です。

مِنَ ٱلْمُمْكِنِ أَنْ يَدْخُلَ إِلَى السِّينِمَا.　彼は映画館に入れます。
ーマニーィス・ッライ ラフドヤ ンア ンキムム・ルナミ

～ مِنَ ٱلْ なしでも可能です。

مُمْكِنٌ أَنْ تُشَاهِدُوا ٱلْمَتْحَفَ.　あなたたちは博物館を見物できます。
フハトマ・ルゥドヒーャシゥト ンア ンキムム

CD-18

使える表現

1. どちら様ですか？（電話の言い回し）

電話で、相手が誰だかわからないときの尋ね方としては、

あなたはどなたですか？（男性／女性に対して） → مَنْ حَضْرَتُكِ؟／مَنْ حَضْرَتُكَ؟
キッラドハ ンマ　カッラドハ ンマ

（حَضْرَتُكَ＝あなた［أَنْتَ の丁寧な言い方］）

（直訳）だれが私と一緒ですか？ → مَنْ مَعِي؟
ーイマ ンマ

2. 〜の前、〜の後（بَعْدَ、قَبْلَ）

بَعْدَ（バアダ／〜の後で）と一緒に قَبْلَ（カブラ／〜の前に）も覚えておきましょう。

時間に関するいろいろな表現ができます

仕事のあと、私は出かけられます。 → أَسْتَطِيعُ أَنْ أَخْرُجَ بَعْدَ ٱلشُّغْلِ.
ルグユシ・ッダアバ ャジルフア ンア ウーィテタスア

電話の前に、ファックスを送ります。 → أُرْسِلُ ٱلْفَاكْسَ قَبْلَ ٱلتِّلِيفُونِ.
ンーフーリィテ・ッラブカ スクーァフ・ルルィスルウ

3. 〜できます、〜できませんの表現（أَسْتَطِيعُ、مِنَ ٱلْمُمْكِنِ／لَا أَسْتَطِيعُ、لَيْسَ مِنَ ٱلْمُمْكِنِ）

本文に出てきた「〜できます」に対し、「〜できません」というには、أَسْتَطِيعُ（アスタティーウ）や مِنَ ٱلْمُمْكِنِ（ミナル・ムムキン）を否定にして、〜 لَا أَسْتَطِيعُ أَنْ（ラーアスタティーウ　アン）とか、〜 لَيْسَ مِنَ ٱلْمُمْكِنِ أَنْ（ライサ　ミナル・ムムキン　アン）と言えばよいのですが、もうひとつ、مِنَ ٱلْمُمْكِنِ の中の、مُمْكِنٌ（ムムキン／可能な）という形容詞を、مُسْتَحِيلٌ（ムスタヒール／不可能な）と取り替える言い方もあります。

私たちはピラミッドを訪れることができます。 → نَسْتَطِيعُ أَنْ نَزُورَ ٱلْأَهْرَامَ.
ムーラハア・ルラーズナ ンア ウーィテタスナ

私たちはピラミッドを訪れることができます。 → (مِنَ ٱلْ) مُمْكِن أَنْ نَزُورَ ٱلْأَهْرَامَ.
ムーラハア・ル ラーズナ ンア ンキムム（・ルナミ）

私たちはピラミッドを訪れることができません。 → لَا نَسْتَطِيعُ أَنْ نَزُورَ ٱلْأَهْرَامَ.
ムーラハア・ルラーズナ ンア ウーィテタス ーラ

私たちはピラミッドを訪れることができません。 → لَيْسَ مِنَ ٱلْمُمْكِنِ أَنْ نَزُورَ ٱلْأَهْرَامَ.
ムーラハア・ルラーズナ ンア ンキムム・ルナミ サイラ

私たちはピラミッドを訪れることができません。 → (مِنَ ٱلْ) مُسْتَحِيل أَنْ نَزُورَ ٱلْأَهْرَامَ.
ムーラハア・ル ラーズナ ンア ルーヒタスム（・ルナミ）

CD-19

★現地会話に馴染もう!!

د = دَالْيَا = ダ = ダリヤ／م = مُنَى = モ = モナ（ワリードの妹）

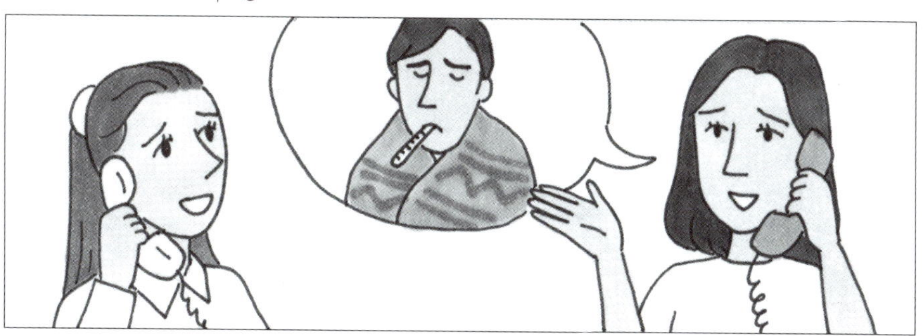

お助け語句リスト

أَ～؟	～ですか？	سَلِّمِي لِي عَلَيْهِ	（女性に対して）彼によろしく伝えて下さい。（男性に対してなら سَلِّمْ لِي عَلَيْهِ.）
سَرِيرٌ	ベッド		
يَقُومُ	彼が起きる、立つ（<قَامَ）		
رُبَّمَا	多分	اَللّٰهُ يُسَلِّمُكِ	（上記の答、女性に対して）（直訳：アッラーがあなたを安らかになさいますよう）
أَخَذَ	彼は取った、（風邪を）ひいた		
أَوْ	または		
ثَلَاثَةٌ	3（男性形）		

د	- أَلُو. هَلْ مُمْكِنٌ أَنْ أَتَكَلَّمَ مَعَ وَلِيد؟ ドーリワ アマ マラッカタア ンア ンキムム ルハ ールア	ダ ― もしもし。ワリードと話したいのだけれど？
م	- هُوَ تَعْبَانُ فِي ٱلسَّرِيرِ ٱلْآنَ. ンーア・ルリーリサ・ッィフ ンーバアタ ワフ	モ ― 今、具合が悪くて寝てるの。
د	- صَحِيحٌ؟ أَلَا يَسْتَطِيعُ أَنْ يَقُومَ مِنَ ٱلسَّرِيرِ؟ ルーリサ・ッナミ マークヤ ンア ウーィテタスヤ ーラア フーヒサ	ダ ― ほんとに？　起きられないの？
م	- لَا. رُبَّمَا أَخَذَ بَرْداً. ンダルバ ザハア ーマバッル ーラ	モ ― 起きられない。多分、風邪を引いたのよ。
د	- إِذَنْ، مِنَ ٱلْمُسْتَحِيلِ أَنْ نَخْرُجَ ٱلْيَوْمَ. ムウヤ・ルャジルフナ ンア ルーヒタスム・ルチミ ンザィ سَأَتَّصِلُ بِٱلتِّلِيفُونِ بَعْدَ يَوْمَيْنِ أَوْ ثَلَاثَةٍ. ザーラサ ウア ンイマウヤ ダアバ ンーフーリィテ・ッビ ルィスタッアサ سَلِّمِي لِي عَلَيْهِ، يَا مُنَى. ーナム ーヤ ヒイラア ーリ ーミリッサ	ダ ― それじゃ、今日はとても出かけられないわね。2～3日後にまた電話するわ。 よろしく伝えてね、モナ。
م	- اَللّٰهُ يُسَلِّمُكِ، يَا دَالْيَا. ーヤルーダ ーヤ キムリッサユ ーラッア	モ ― わかったわ、ダリヤ。

アラブ紙上体験 ⑤

▶アラビア語では**電話**のことを指す語として外来語からそのまま借用した、写真にあるような تِلِيفُون（ティリフォーン）の他に、アラビア語本来の言葉を当てはめた هَاتِف（ハーティフ）があり、併用されていますが次第に前者が優勢になる傾向にあります。

▶伝統的な**筒長の服**（جَلَّابِيَّة／ジャッラービーヤ）と近代的な電話の風景は新たな時代を象徴する図です。おそらくカイロの庶民は先ず長々と挨拶の言葉をやり取りしてからやおら用件を話し出すでしょうから、長電話になる可能性大です。

▶長くエジプトの電話はダイヤル式でしたが、プッシュ・ホーンに変わりました。数字はアラビア語の数字と併記されています。アラビア語の数字をここでおさらいしてみましょう。**1 から 10 まで**順に書くと、١٢٣٤٥٦٧٨٩١٠ となります。

ムスリムの宗教実践

イスラーム教徒（مُسْلِمٌ／ムスリム）にとっては、信仰を行為によって実際に表すことが大切だとされています。そこで六信五行ということがよく言われます。まず六信とは**アッラー**（اَللّٰهُ／アッラー）、**天使**（مَلَائِكُ／マラーイク）、**啓典**（اَلْكِتَابُ／アル・キターブ）、**預言者**（اَلنَّبِيُّ／アンナビィ）、**来世**（اَلْآخِرَةُ／アル・アーヒラ）、**予定**（قَدَرٌ／カダル）を信じることを意味します。次に五行とは**信仰告白**（شَهَادَةٌ／シャハーダ）、**礼拝**（صَلَاةٌ／サラート）、**喜捨**（زَكَاةٌ／ザカート）、**断食**（صَوْمٌ／サウム）、**巡礼**（حَجٌّ／ハッジ）を意味します。شَهَادَةٌ は「**アッラーの他に神はなく、ムハンマドはアッラーの使者なり**」（أَشْهَدُ أَنْ لَا إِلٰهَ إِلَّا اللّٰهُ وَأَشْهَدُ أَنَّ مُحَمَّدًا رَسُولُ اللّٰهِ／アシュハド　アン　ラー　イラーハ　イッラッラー　ワアシュハド　アンナ　ムハンマダン　ラスールッラーヒ）というのがその内容です。アッラーが唯一絶対神であることと預言者ムハンマドがアッラーの使者であることを確言することが大事であることが分かります。**巡礼は敬虔なムスリムの生涯の悲願ともいうべきもの**です。**メッカ**（مَكَّةُ／マッカ）に巡礼した者は以後**ハッジ**（حَاجٌّ／ハージ）という尊称で呼ばれます。礼拝は一日五回行われます。第一回目が**夜明け前の祈り**（صَلَاةُ ٱلْفَجْرِ／サラート　ファジュリ）、次が**正午の祈り**（صَلَاةُ ٱلظُّهْرِ／ドフリ）、**三番目**が（صَلَاةُ ٱلْعَصْرِ／アスリ）、四番目が**日没の祈り**（صَلَاةُ ٱلْمَغْرِبِ／マグリビ）、最後が**夕べの祈り**（صَلَاةُ ٱلْعِشَاءِ／イシャーイ）です。金曜日の正午には صَلَاةُ ٱلْجُمْعَةِ（ジュムア）と言われる**集団礼拝**が行われ、集まった人々がモスクの外にまであふれでている光景をよく見ます。

断食月（رَمَضَانُ／ラマダーン）に行われる断食についてはテレビ等でも時々放映されたりしますが、これも禁酒事情と似て国によって事情は様々です。

エジプトの農村に暮らしていた時にたまたま断食月になりましたが、ナイル・デルタのその村は一変しました。何やら神聖な厳かな空気が漂いはじめたように思えました。7、8 才以上の子供は断食をはじめていました。世界中のムスリムが一斉に食を断ち、一斉に断食を解くという一体感には感動的なものがあります。断食の時はムスリムの慣行を尊重し、異教徒といえども行動に気をつけてムスリムの感情を害さない配慮が必要でしょう。

◎この課で身につけたことで、できること

・電話をかけること

أَلُو، هَلْ مِنَ ٱلْمُمْكِنِ أَنْ أَتَكَلَّمَ مَعَ ٱلسَّيِّدِ مُصْطَفَى؟

アールー　ハル　ミナルムムキニ　アン　アタカッラマ　マアッサイイド　ムスタファ

もしもし、ムスタファさんとお話しできますか？

・できることを言う

أَسْتَطِيعُ أَنْ أَذْهَبَ إِلَى ٱلْمَتْحَفِ.

アスタティーウ　アン　アズハバ　イラル・マトハフ

私は博物館に行くことができます。

CD-20

اَلدَّرْسُ ٱلسَّادِسُ　أَظُنُّ أَنَّ أُسْرَتِي كُلَّهَا سَتَسْعَدُ.

ドアスタサ ーハラック ーィテラスウ ナンア ヌンズア

思考／希望・欲求

ت= تاناكا / م= مُصْطَفى

ت: أُرِيدُ أَنْ أَعْزِمَكَ أَنْتَ وَأُسْرَتَكَ عَلَى ٱلْعَشَاءِ.
ーャシア・ルラア カタラスウ・ワ タンア カマィズアア ンア ドーリウ

هَلْ نَسْتَطِيعُ أَنْ نَتَعَشَّى مَعَكُمْ فِي يَوْمِ ٱلْجُمْعَةِ ٱلْقَادِمِ؟
ムィデーカ・ルアムュジル・ミウヤ ーィフ ムクアマ ーャシッアタナ ンア ウーィテタスナ ルハ

م: شُكْرًا جَزِيلًا. أَظُنُّ أَنَّ أُسْرَتِي كُلَّهَا سَتَسْعَدُ.
ドアスタサ ーハラック ーィテラスウ ナンア ヌンズア ンラーィズャジ ンラクュシ

ت: أَعْتَقِدُ أَنَّ ٱلْعَشَاءَ فِي ٱلْمَرْكَبِ جَمِيلٌ.
ルーミャジ ブカルマ・ルィフ ーャシア・ルナンア ドキタアア

هُنَاكَ مَرَاكِبُ كَبِيرَةٌ جَارِيَةٌ عَلَى ٱلنِّيلِ، أَلَيْسَ كَذٰلِكَ؟
カリーザカ サイラア ルーニ・ンラア ヤリーャジ ラービカ ブキーラマ カーナフ

م: نَعَمْ. هُنَاكَ نَوْعَانِ أَوْ ثَلَاثَةٌ.
サーラサ ウア ンーアウナ カーナフ ムアナ

ت: سَأَحْجِزُ مَائِدَةً إِنْ شَاءَ ٱللّٰهُ.
ーラッアーャシ ンイ ダイーマ ズジハアサ

كُلُّنَا نَتَوَقَّعُ أَنْ نَرَاكُمْ فِي يَوْمِ ٱلْجُمْعَةِ.
アムジュ・ルミウヤ ーィフ ムクーラナ ンア ウカッワタナ ーナルック

- أَظُنُّ　私は思う（< ظَنَّ）
- ~أَنَّ　～であると（英語の that に相当）
- تَسْعَدُ　彼女は喜ぶ、幸福である（< سَعِدَ）
- أُرِيدُ　私は～したい、欲しい（< أَرَادَ）
- أَعْزِمُ　私は招待する（< عَزَمَ）
- عَشَاءٌ　夕食
- نَتَعَشَّى　私たちは夕食をとる（< تَعَشَّى）
- شُكْرًا جَزِيلًا　どうもありがとう
- أَعْتَقِدُ　私は思う、信じる（< اِعْتَقَدَ）
- مَرْكَبٌ　船（複数 مَرَاكِبُ）
- جَارِيَةٌ　㊛走っている（<㊚ جَارٍ）
- اَلنِّيلُ　ナイル河
- نَوْعٌ　種類
- أَحْجِزُ　私は予約する（< حَجَزَ）
- مَائِدَةٌ　テーブル
- إِنْ شَاءَ ٱللّٰهُ　もし神がお望みならば
- نَتَوَقَّعُ　私たちは期待する（< تَوَقَّعَ）
- نَرَاكُمْ　私たちはあなたたちを見る→ نَرَى 私たちは見る（< رَأَى）

第６課　家族皆喜ぶと思います

第 6 課のあらすじ：カイロ到着以来、何かとムスタファさんのお世話になってきた田中さん。今度の金曜日にムスタファさん一家を夕食に招待することに。

田＝田中氏／ム＝ムスタファ氏

田：あなたとご家族を夕食にご招待したいのです。

今度の金曜日に皆さんと夕食をご一緒できますか？

ム：ありがとうございます。家族皆喜ぶと思います。

田：船での夕食はすてきだと思うんです。

ナイルを走る大きな船がありますよね？

ム：はい、2 ～ 3 種類ありますね。

田：では、テーブルを予約しておきましょう、もし神が望むならば。

皆金曜日にお目にかかれるのを期待しています。

اَلْقِطَّةُ بُوسِي の「基本構文です。最低これだけは！」

「～したい」という言い方。أَنْ のあとはすでに述べた接続形がきます。

أُرِيدُ أَنْ أَعْزِمَكُمْ.　私は皆様をご招待したいです。
ムクマィジアア　ンア　ゥドーリウ

نُرِيدُ أَنْ نَرَاكَ غَداً.　私たちは明日あなたに会いたいです。
ンダガ　カーラナ　ンア　ゥドーリヌ

* (أَرَادَ) نُرِيدُ　私たちは～したい

★こう答えるとこうなる！

“هَلْ نَسْتَطِيعُ أَنْ نَتَعَشَّى مَعَكُمْ~؟” （2 行目）の場合

→ **一緒に昼食をとれるか聞く**ならこうなる

هَلْ نَسْتَطِيعُ أَنْ نَتَغَدَّى مَعَكُمْ؟
ムクアマ ーダッガタナ ンア ウーィテタスナ ルハ

私たちはあなたたちと昼食をとることができますか？

→ **あなたが明日、ホテルで朝食をとりたいか聞く**ならこうなる

هَلْ تُرِيدُ أَنْ يَفْطُرَ غَدًا فِي ٱلْفُنْدُقِ؟
クゥドンフ・ルィフ ンダガ ラゥトフタ ンア ドーリゥト ルハ

あなたは明日、ホテルで朝食をとりたいですか？

“أَظُنُّ أَنَّ أُسْرَتِي كُلَّهَا سَتَسْعَدُ.” （3 行目）の場合

→ **アフマドが大変喜ぶだろうと思う**ならこうなる

أَظُنُّ أَنَّ أَحْمَدَ سَيَسْعَدُ كَثِيرًا.
ンラーィスカ ドアスヤサ ドマハア ナンア ヌンズア

アフマドが大変喜ぶでしょう。

→ **金曜日は家族が忙しくないと思う**ならこうなる

أَظُنُّ أَنَّ أُسْرَتِي لَيْسَتْ مَشْغُولَةً فِي يَوْمِ ٱلْجُمْعَةِ.
アムュジ・ルミウヤ ーィフ ンタラーグュシマ トサイラ ーィテラスウ ナンア ヌンズア

金曜日に私の家族は忙しくないと思いますよ。

このページの語句

تَغَدَّى (نَتَغَدَّى)
私たちが昼食をとる

فَطَرَ (يَفْطُرُ)
彼が朝食をとる

その他関連語句

語句	意味	語句	意味
فُطُورٌ ルーゥトフ	朝食	يَوْمُ ٱلْأَرْبِعَاءِ ーアビルア・ルムウヤ	水曜日
غَدَاءٌ ーダガ	昼食	يَوْمُ ٱلْخَمِيسِ スーミハ・ルムウヤ	木曜日
أَكَلَ (يَأْكُلُ) ルクアヤ ラカア	彼は食べる	يَوْمُ ٱلسَّبْتِ トブサッムウヤ	土曜日
يَوْمُ ٱلْأَحَدِ ドハア・ルムウヤ	日曜日	رَجَا (يَرْجُو) ーュジルヤ ーャジラ	彼は～を望む
يَوْمُ ٱلِاثْنَيْنِ ンイナスイ・ルムウヤ	月曜日	تَمَنَّى (يَتَمَنَّى) ーナンマタヤ ーナンマタ	彼は～を欲する
يَوْمُ ٱلثُّلَاثَاءِ ーサーラス・ッムウヤ	火曜日		

この課で身につく文法

1. ～したい（希望・欲求）

～أُرِيدُ أَنْ のあとに未完了形の接続形をつけて「私は～したい」という言い方ができます。

أُرِيدُ أَنْ أَرْكَبَ ذٰلِكَ ٱلْمَرْكَبَ.　私はあの船に乗りたいです。
ブカルマ・ルカリーザ バカルア ンア ドーリウ

ほかにも「～したい」を表す表現があります。

أَتَمَنَّى أَنْ أَعْزِمَكَ فِي بَيْتِي.　私は家にあなたをご招待したいです。
ーィテイバーィフ カマィズアア ンア ーナンマタア

أَرْجُو أَنْ أَرَاكَ فِي يَوْمِ ٱلْأَرْبِعَاءِ ٱلْقَادِمِ.
ムィデーカ・ルイーアビルア・ルミウヤ ーィフ カーラア ンア ーュジルア
私は今度の水曜日にあなたに会うことを望みます。

似たような例として、يُحِبُّ（أَحَبَّ）「彼は～が好きです」という表現があります。

أُحِبُّ أَنْ أَتَعَشَّى عَلَى ٱلْمَرْكَبِ.　私は船上で夕食をとるのが好きです。
ブカルマ・ルラア ーャシッアタア ンア ブッヒウ

2. ～と思う（思考）

～أَظُنُّ أَنَّ や ～أَعْتَقِدُ أَنَّ のあとに文を続けて「私は～と思う」という表現になります。このとき、أَنَّ の直後に主語が来ますが、この主語は目的格の形をとります。

أَظُنُّ أَنَّ ٱلسَّيِّدَ تَانَاكَا قَدْ حَجَزَ ٱلْعَشَاءَ.
ーャシア・ルザャジャハ ドカ ーカーナータ ダイイサ・ッナンア ヌンズア
田中さんがすでにディナーを予約したと思います。

أَعْتَقِدُ أَنَّهُ سَيَحْجِزُ مَطْعَمًا لَنَا.　彼がレストランを予約してくれると思います。
ーナラ ンマアトマ ズジハヤサ フナンア ドキタアア

CD-21

使える表現

1. 私は～を欲しい・好き（أُرِيدُ／أُحِبُّ）

「～したい」「～するのが好き」という表現。أَرَادَ（アラーダ）や أَحَبَّ（アハッバ／彼は欲した・好きだった）は、次に名詞をつけて「～が欲しい」「～が好き」という言い方に使えます。

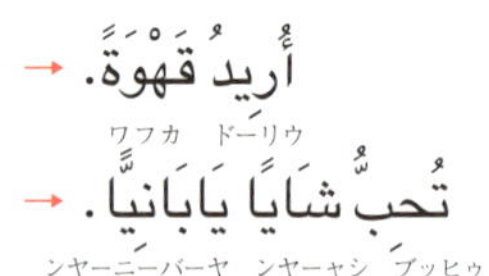

2. もし神の御意志ならば（إِنْ شَاءَ ٱللّٰهُ）

イスラームの考えでは、すべてはアッラーのご意志のままに動きます。そこで、自分の計画や願望を述べるときには、よく إِنْ شَاءَ ٱللّٰهُ（もしアッラーが望むなら）という言い回しが添えられます。

来週お会いしましょう。 → أُشَاهِدُكَ فِي ٱلْأُسْبُوعِ ٱلْقَادِمِ، إِنْ شَاءَ ٱللّٰهُ.
ウシャーヒドゥカ フィ・ル・ウスブーイ・ル・カーディム、イン シャーアッラー

姉（または妹）は夏にエジプトに来るでしょう。 → إِنْ شَاءَ ٱللّٰهُ، سَتَجِيءُ أُخْتِي إِلَى مِصْرَ فِي ٱلصَّيْفِ.
イン シャーアッラー、サタジーウ ウフティ イラー ミスラ フィッサイフィ

3. ～がある（هُنَاكَ～）

هُنَاكَ は、そこ・あそこの意味ですが、場所を特定せずに「～がある」という表現にも使えます。これに対して、هُنَا（ここ）は「ここに～がある」という表現になります。

（あそこに）たくさんの船があります。 → هُنَاكَ مَرَاكِبُ كَثِيرَةٌ.
フナーカ マラーキブ カスィーラ

ここに小さなテーブルがあります。 → هُنَا مَائِدَةٌ صَغِيرَةٌ.
フナー マーイダ サギーラ

CD-22

★現地会話に馴染もう!!

فَاطِمَةُ=ف=フ=ファーティマ／أَحْمَدُ=أ=ア=アフマド

お助け語句リスト

تَتَفَرَّجُ عَلَى~	あなた（男性）が～を（楽しんで）見る（< تَفَرَّجَ）	اِمْتِحَانٌ	試験
		جُهُودٌ	複努力（< جَهْدٌ）
تِلِفِزْيُونٌ	テレビ	اَللُّغَةُ ٱلْيَابَانِيَّةُ	日本語
حَاضِرٌ	かしこまりました	شِدَّ حَيْلَكَ	（男性に）がんばれ（女性には شِدِّي حَيْلَكِ）
يَالَيْتَ	～ならばよいのに	عَلَى ٱللهِ	神に負っている（上の答え）

ف -يَا أَحْمَدُ! آه، هَلْ تَتَفَرَّجُ عَلَى ٱلتِّلِفِزْيُون دَائِمًا؟ ンマイーダ ンーユイズフリィテッラア ユジラッァフタタ ルハ ーア ドマハア ーヤ	フ — アフマド！　ああ、テレビばかり見てるの？
أ - حَاضِرٌ، يَا مَامَا. سَأَدْرُسُ ٱلْآنَ. ンーア・ルスルドアサ ーマーマ ーヤ ルィデーハ	ア — わかったよ、ママ。今、勉強しますよ。
ف - يَا لَيْتَ! أَمَامَكَ ٱلْاِمْتِحَانُ بَعْدَ قَلِيل، أَلَيْسَ كَذٰلِكَ؟ カリーザカ サイラア ルーリカ ダアバ ンーハィテムリ カマーマア タイラ ーヤ	フ — そうして欲しいわ！　もうすぐ試験でしょう？
أ - يَعْنِي... سَأَعْمَلُ جُهُودًا كَبِيرَةً، يَا مَامَا. ーマーマ ーヤ ラービカ ンダーフュジ ルマアアサ ーニアヤ أُرِيدُ أَنْ أَدْرُسَ ٱللُّغَةَ ٱلْيَابَانِيَّةَ فِي ٱلْجَامِعَة アミーャジ・ルィフ ヤーニーバーヤ・ルタガル・ッサルドア ンア ドーリウ وَأَتَكَلَّمَ بِهَا مَعَ إِيسَامُو. ームーサーイ アマーハビ マラッカタアワ	ア — まあね…　うんと努力するよ、ママ。 僕、大学で日本語を勉強して、勇と日本語で話したいんだ。
ف - شِدَّ حَيْلَكَ يَا ٱبْنِي... ーニブ・ヤ カライハ ダッシ	フ — がんばってちょうだいね、わが子よ…
أ - عَلَى ٱللهِ! ーラッラア	ア — うん！（アッラーにおまかせして）

アラブ紙上体験 ⑥

▶エジプトの代表的料理、كَبَابٌ（カバーブ／**焼き肉**）。エジプト人はカバーブなら日に 3 回でも食べられると言うほど、カバーブが大の好物です。これは羊の肉を挽き、香料を入れて練り、櫛に刺して焼いたものです。カバーブ屋では رُبْعٌ（ルブウ／**1 キロの 4 分の 1；250 グラム**）とか نُصْفٌ（ニスフ／**1 キロの半分；500 グラム**）と重さで注文します。

▶カバーブがご馳走ならこちら、فُولٌ مُدَمِّسٌ（フール　ムダンミス／**柔らかくつぶした空豆**）はエジプト人の朝御飯の代名詞となっている、代表的な普段の食事です。干した空豆を قِدْرٌ（キドル）と呼ばれる**大きな丸いポット**で一晩かけてくつくつと煮込んでつくられるフール・ムダンメスの上にレモンを絞ってかけると、いわば国民的朝御飯ができあがります。

▶これも最近カイロに現れた風景です。**断食月**（رَمَضَانٌ／ラマダーン）の特別メニューを掲げ、夜明けからの断食で乾いた喉を潤す、قَمَرُ ٱلدِّينِ（カマル　ディーン／**干した杏を水に溶かしてジュースにしたもの**）から始まるフルコースで、値段は、たったの 14 ポンド 99 ピアストルとあります。

アラブの料理

先ずエジプトの料理と言えば、カバーブとクフタが挙げられるでしょう。カバーブは小片に刻んだ羊の肉にタマネギ、レモン、塩、胡椒、スパイスなどをまぶし、串に刺して炭火の上でグリルしたものです。クフタは羊の肉を挽き肉にしてそれに**パセリ**（بَقْدُونس／バクドーニス）や胡椒などのスパイスを混ぜ、鉄串に巻き付けてやはりグリルしたものです。エジプト人は殊の外肉が好きで特に**羊の肉が最上**とされています。エジプトを代表する料理と言えば、**ムルヒーヤ**（مُلُوخِيَّة）と**バーミヤ**（بَامِيَة）でしょう。前者は日本でもよく見られるようになったムルヒーヤの葉を左右両端に取っ手のついた弓なりの**包丁**（مَخْرَطَة／ミフラタ）で粘りのある汁になるまで細かく刻み、鳩や兎の肉のスープで味付けしたものです。エジプトの料理を一つだけ挙げるなら、ムルヒーヤとなります。ムルヒーヤ料理は他のアラブ諸国にもありますが、料理法も異なり、エジプトのムルヒーヤは格別ですが、一番おいしいムルヒーヤ料理はレストランでは食べられず、エジプト人の主婦が作った家庭料理としてのムルヒーヤなのです。**バーミヤはオクラのことですが、エジプト人の大好物**で、トマト・ニンニク・タマネギと一緒に煮たシチューです。エジプトでは鳩料理が有名です。**ハマーム・マフシー**（حَمَامُ مَحْشِي）と言って鳩の胴体の中に米などの詰め物をしたものもありますが、肋を開いてグリルした**ハマーム・マシュウィー**（حَمَامُ مَشْوِي）は一度試す価値があります。

エジプトだけではなく、アラブ世界に共通の料理となっているものに、様々な野菜を使った**マフシー**（مَحْشِي）の料理があります。**キャベツ**（كُرُنْبُ／クルンブ）を煮て味付けしたご飯を巻いたマフシー・コロンボがあります。その他のマフシー料理には**葡萄の葉**（وَرَقَةُ الْعِنَبِ／ワラカ　イナブ）で巻いたマフシー・ワラカ・イナブ、**ズッキーニ**（كُوسَا／クーサー）に味付けしたご飯を詰めたマフシー・クーサー、**茄子**（بَاذِنْجَانٌ／バーデンジャーン）に詰め物をしたマフシー・バーデンジャーンなどがあります。

マグレブ地方では**クスクス**（كُسْكُسُ）料理が有名です。それに肩を並べるのが**タージン**（طَاجِنٌ）料理です。クスクスは粟のような黄色の穀粒をボイルし、野菜や肉や魚と一緒に食べる北アフリカの代表的料理です。タージンはその名で呼ばれる円錐形の蓋を持つ陶器の器で長時間かけて羊の肉や魚を料理したものです。

沙漠に行くとベドウィンの料理、**マンサフ**（مَنْسَفٌ）があります。**テントの中で円陣を作って、手で直接食べるマンサフの醍醐味も一度味わったら忘れられなくなる**でしょう。

◎この課で身につけたことで、できること

・希望を述べる

أُرِيدُ أَنْ أَعْزِمَكُمْ.　　あなた方をご招待したいのです。

ムクマイズアア ンア ドーリウ

・考えを述べる

أَظُنُّ أَنَّ أُسْرَتِي تَسْعَدُ بِذَلِكَ.　　家族の者は（それに）喜ぶと思います。

カリーザビ ドアスタ ーィテラスウ ナンア ヌンズア

CD-23

第５課と第６課を
ここでちょっとチェック！

I. 勇の話をアラビア語に訳しましょう。

1）僕は、ピラミッドに行きたいです。

2）アフマドに電話をしました。

3）彼は、金曜日の午後に出かけることができます。

II.（　）に適当な語を入れて、アフマドの話を完成させましょう。

1）勇は、僕と一緒に出かけたがりました。

أَرَادَ إِيسَامُو (　)(　) مَعِي.

ーイマ　(　)(　)　ームーサーイ　ダーラア

2）そこで僕たちはピラミッドに行きました。

فَـ(　) إِلَى ٱلْأَهْرَامِ.

ムーラハア・ルライ　(　)　ァフ

3）今度の金曜日にも、勇に会えると思います。

أَظُنُّ أَنَّنِي (　) أَنْ أَرَاهُ فِي يَوْمِ (　) ٱلْقَادِمِ (　).

(　)ムイデーカ・ル(　)ミウヤ　ーイフ　フーラア　ンア(　)ーニナンア　ヌンズア

4）僕は勇が大好きです。

(　) إِيسَامُو كَثِيرًا.

ンラーイスカ　ームーサーイ(　)

III. 君子夫人になったつもりで、事務所に電話して秘書（سِكْرِيتِيرَةٌ）のナビーラ（نَبِيلَةُ）嬢と話しましょう。

ن＝نَبِيلَةُ ／ ك＝كِيمِيكُو

ن : أَلُو.

ールア

ك :（もしもし。夫の田中と話したいのですが？）　※زَوْجٌ＝夫

ن : لَيْسَ مَوْجُودًا ٱلْآنَ. هَلْ حَضْرَتُكِ مَدَامُ كِيمِيكُو؟

ークーミーキ　ムーダマ　キゥトラドハ　ルハ　ンーア　ルニダーュジウマ　サイラ

ك :（はい、そうです。こんにちは、ナビーラさん。）

ن : وَعَلَيْكُمُ ٱلسَّلَامُ. أَعْتَقِدُ أَنَّ ٱلسَّيِّدَ تَانَاكَا سَيَرْجِعُ إِلَى ٱلْمَكْتَبِ بَعْدَ قَلِيلٍ.

ルーリカ　ダアバ　ブタクマ・ルライ　ウジルヤサ　ーカーナータ　ドイイサ・ッナンア　ドキタアア　ムーラサ・ッムクイラア・ワ

※ مَرَّةً أُخْرَى = また、もう一度

ك：（では、また電話します。ありがとう）

ن：عَفْواً.

ンワフア

[解答]

I.

1) أُرِيدُ أَنْ أَذْهَبَ إِلَى ٱلْأَهْرَامِ.

ムーラハア・ルライ バハズア ンア ドーリウ

2) اتَّصَلْتُ بِأَحْمَدَ بِٱلتِّلِيفُونِ.

ンーフリィテッビ ドマフア・ビゥトルサタッイ

3) يَسْتَطِيعُ أَنْ يَخْرُجَ بَعْدَ ٱلظُّهْرِ فِي يَوْمِ ٱلْجُمْعَةِ.

アムュジ・ルミウヤ ーィフ ルフズ・ッダアバ ャジルフヤ ンア ウーィテタスヤ

II.

1) أَنْ ، يَخْرُجَ
ヤジルフヤ ンア

2) ذَهَبْنَا
ーナブハザ

3) أَسْتَطِيعُ ، ٱلْجُمْعَةَ ، أَيْضاً
ンダイア アムュジ・ル(ア) ウーィテタスア

4) أُحِبُّ
ブッヒウ

III.

ナ＝ナビーラ／君＝君子

ナ：もしもし。

君：أَلُو. هَلْ مِنَ ٱلْمُمْكِنِ أَنْ أَتَكَلَّمَ مَعَ زَوْجِي تَانَاكَا؟

ーカーナータ ージウザ アマ マラッカタ ンア ンキムム・ルナミ ルハ ールア

ナ：今、いらっしゃいません。君子夫人でいらっしゃいますか？

君：نَعَمْ. اَلسَّلَامُ عَلَيْكُمْ، يَا آنِسَةُ نَبِيلَةُ.

ラービナ サニーア ーヤ ムクイラア ムーラサ・ッア ムアナ

ナ：こんにちは。田中さんは、もうすぐ事務所に帰られると思います。

君：إِذَنْ، سَأَتَّصِلُ بِهِ مَرَّةً أُخْرَى. شُكْراً.

ンラクュシ ーラフウ ラッマ ヒビ ルィスタッアサ ンザイ

ナ：どういたしまして。

CD-24

اَلدَّرْسُ ٱلسَّابِعُ　فَلْنَرْقُصْ مَعًا.

シアマ　スクルナルァフ

勧誘／時間

ت= تَانَاكَا / د= دَالْيَا / ك= كِيمِيكُو / أ= أَحْمَدُ

ت: تَحَرَّكَ ٱلْمَرْكَبُ فِي ٱلسَّاعَةِ ٱلسَّادِسَةِ وَسَنَقْضِي
ィデクナサワ　サィデーサ・ッアーサ・ッィフ　ブカルマ・ルカラッハタ

سَاعَتَيْنِ تَقْرِيبًا عَلَى ٱلنِّيلِ.
ルーニ・ンラア　ンバーリクタ　ンイタアーサ

د: هٰذَا وَقْتٌ مُنَاسِبٌ. هَلْ مِنَ ٱلْمُمْكِنِ أَنْ
ンア　ンキムム・ルナミ　ルハ　ブィスーナム　トクワ　ーザーハ

تُعْطِينِي زُجَاجَةَ ٱلْمَاءِ ٱلْمَعْدَنِيِّ، مِنْ فَضْلِكِ؟
キリドァフ　ンミ　ーニダアマ・ルイーマ・ルタャジーャジズ　ーニーィテウト

ك: تَفَضَّلِي.
ーリダッァフタ

د: عَلَى فِكْرَةٍ، مَتَى سَتَجِيءُ بِنْتُكِ إِلَى ٱلْقَاهِرَةِ؟
ラヒーカ・ルライ　キゥトンビ　ウージタサ　ータマ　ラクィフ　ーラア

ك: سَتَجِيءُ إِلَى هُنَا فِي ٱلشَّهْرِ ٱلْقَادِمِ، إِنْ شَاءَ ٱللّٰهُ.
ーラッアーャシ　ンイ　ムィデーカ・ルリハャシ・ッィフ　ーナフ　ーライ　ウージタサ

أ: هُنَاكَ رَاقِصَةٌ! فَلْنَرْقُصْ مَعًا.
シアマ　スクルナルァフ　サキーラ　カーナフ

- فَلْ～　～しよう（短形の前で）
- نَرْقُصْ　私たちは踊る（短形）（<رَقَصَ）
- مَعًا　一緒に
- تَحَرَّكَ　それが、彼が動いた
- سَاعَةٌ　[女]～時；1時間
- اَلسَّادِسَةُ　[女]第6の
- نَقْضِي　私たちは（時を）過ごす（<قَضَى）
- تَقْرِيبًا　だいたい
- وَقْتٌ　時、時間
- مُنَاسِبٌ　適切な
- تُعْطِي　あなたが与える（接続形）（<أَعْطَى）
- زُجَاجَةٌ　瓶
- مَاءٌ　水
- مَعْدَنِيٌّ　鉱物の、ミネラルの
- تَفَضَّلِي　（女性に対して）どうぞ
- مَتَى؟　いつ？
- اَلْقَاهِرَةُ　カイロ
- رَاقِصَةٌ　[女]ダンサー

第７課　一緒に踊ろうよ

第 7 課のあらすじ：ナイル・クルーズでディナーを楽しむ田中さん一家とムスタファさん一家。オリエンタル・ダンスも始まって賑やかです。

田＝田中氏／ダ＝ダリヤ／君＝君子／ア＝アフマド

田：船は６時に動きだしました、２時間ほどナイルの上で過ごすことになります。

ダ：丁度良い時間ですね。ミネラル・ウォーターの瓶をとっていただけますか？

君：どうぞ。

ダ：ところで、お嬢さんはいつカイロにいらっしゃるんですか？

君：来月こちらに来ます。

ア：ダンサーだ！　一緒に踊ろうよ。

اَلْقِطَّةُ بُوسِي の「基本構文です。最低これだけは！」

～ فَلْ を使って「～しよう」と誘ってみましょう。

فَلْنَأْكُلْ!　食べましょう！
ルクアナルァフ

فَلْنَرْكَبِ ٱلْأُوتُوبِيسَ.　バスに乗りましょう。
スービートーウ・ルビカルナルァフ

★こう答えるとこうなる！

“.تَحَرَّكَ ٱلْمَرْكَبُ فِي ٱلسَّاعَةِ ٱلسَّادِسَةِ ~” （1 ～ 2 行目）の場合

→ **6 時半に出た**ならこうなる

خَرَجَ ٱلْمَرْكَبُ فِي ٱلسَّاعَةِ ٱلسَّادِسَةِ وَٱلنِّصْفِ. 船は 6 時半に出ました。

フスニ・ンワ　サィデーサ・ッアーサ・ッィフ　ブカルマ・ルャジラハ

→ **6 時 15 分前に出た**ならこうなる

خَرَجَ ٱلْمَرْكَبُ فِي ٱلسَّاعَةِ ٱلسَّادِسَةِ إِلاَّ رُبْعًا. 船は 6 時 15 分前に出ました。

ンアブル　ーラッイ　サィデーサ・ッアーサ・ッィフ　ブカルマ・ルャジラハ

“هَلْ مِنَ ٱلْمُمْكِنِ أَنْ تُعْطِينِي زُجَاجَةَ ٱلْمَاءِ ٱلْمَعْدَنِيِّ، ~؟” （3～4 行目）の場合

→ **ジュースのコップをとって欲しかった**ならこうなる

هَلْ مِنَ ٱلْمُمْكِنِ أَنْ تُعْطِينِي كُوبَ ٱلْعَصِيرِ؟

ルーィスア・ルバーク　ーニーィテゥト　ンア　ンキムム・ルナミ　ルハ

そのジュースのコップを取っていただけますか？

このページの語句

نِصْفٌ	半、半分
رُبْعٌ	四分の一（＝15 分）
كُوبٌ (أَكْوَابٌ)	コップ
عَصِيرٌ	ジュース

その他関連語句

ثُلْثٌ　スルス	三分の一（＝20 分）
نَبِيذٌ　ズービナ	ワイン
بِيرَةٌ　ラービ	ビール
خَمْرٌ　ルムハ	お酒
لَذِيذٌ　ズーィズラ	おいしい
حُلْوٌ　ウルフ	甘い、おいしい
كَأْسٌ (كُئُوسٌ)　スーウク　スアカ	杯
طَبَقٌ (أَطْبَاقٌ)　クーバトア　クバタ	お皿
صَحْنٌ (صُحُونٌ)　ンーフス　ンハサ	お皿
شَوْكَةٌ　カーュシ	フォーク
مِلْعَقَةٌ (مَلاَعِقُ)　クイーラマ　カアルミ	スプーン
سِكِّينٌ (سَكَاكِينُ)　ンーキーカサ　ンーキッィス	ナイフ
فِنْجَانٌ (فَنَاجِينُ)　ンージーナァフ　ンーャジンィフ	（トルコ・コーヒーの）カップ

この課で身につく文法

1.「〜しよう」(勧誘)

〜 فَلْ（ファル）の後に、「私たちは〜する」という動詞の短形という形（要求形とも呼ばれます。巻末の表参照）が来て「〜しよう」と誘う表現になります。

فَلْنَذْهَبْ إِلَى ٱلْأَهْرَامِ.　ピラミッドに行きましょう。
ムーラハア・ルライ ブハズナ・ルァフ

メモ　この活用は、大部分の動詞の最後が、子音で終わるなど短くなっています。短形と呼ばれる所以です。

2.「〜時に」(時刻の表現と序数)

اَلسَّاعَةُ（アッサーア／時）のあとに序数の女性形をつけて「〜時」と時刻を表します。ただし1時だけは اَلسَّاعَةُ الْوَاحِدَةُ（アッサーアル・ワーヒダ）のように وَاحِدٌ（ワーヒド／1の）という別の語を使います。

以下にアラビア語の序数を挙げておきます。

	男性	女性		男性	女性
1	اَلْأَوَّلُ ルウワア・ルア	اَلْأُولَى ーラーウ・ルア	7	السَّابِعُ ウビーサ・ッア	اَلسَّابِعَةُ アビーサ・ッア
2	اَلثَّانِي ーニーサ・ッア	اَلثَّانِيَةُ ヤニーサ・ッア	8	اَلثَّامِنُ ンミーサ・ッア	اَلثَّامِنَةُ ナミーサ・ッア
3	اَلثَّالِثُ スリーサ・ッア	اَلثَّالِثَةُ サリーサ・ッア	9	اَلتَّاسِعُ ウィスータ・ッア	اَلتَّاسِعَةُ アィスータ・ッア
4	اَلرَّابِعُ ウビーラ・ッア	اَلرَّابِعَةُ アビーラ・ッア	10	اَلْعَاشِرُ ルシーア・ルア	اَلْعَاشِرَةُ ラシーア・ルア
5	اَلْخَامِسُ スミーハ・ッア	اَلْخَامِسَةُ サミーハ・ッア	11	اَلْحَادِي عَشَرَ ラャシア　ーィデーハ・ルア	اَلْحَادِيَةَ عَشْرَةَ ラュシア　ャィデーハ・ルア
6	اَلسَّادِسُ スィデーサ・ッア	اَلسَّادِسَةُ サィデーサ・ッア	12	اَلثَّانِي عَشَرَ ラャシア　ーニーサ・ッア	اَلثَّانِيَةَ عَشْرَةَ ラュシア　ヤニーサ・ッア

CD-25

使える表現

1. どうか／どうぞ（تَفَضَّلْ / مِنْ فَضْلِكَ）

人にものを頼むときなどの「どうか〜」という表現 مِنْ فَضْلِكَ（ミン　ファドリカ）は、相手の性・数に応じて、最後の كَ（カ／あなたの・男性）という代名詞を変化させます。

コーヒーをお願いします、ダリヤ。 → اَلْقَهْوَةُ، مِنْ فَضْلِكَ، يَا دَالْيَا.
アルカ・ワフ　ミン　ファドリカ　ヤー　ダールヤー

（複数に対して）静かにしてください。 → بِهُدُوءٍ، مِنْ فَضْلِكُمْ.
ビ・フドゥーウ　ミン　ファドリクム

＊ بِهُدُوءٍ＝静かに

人にものを勧めるときなどの تَفَضَّلْ（タファッダル／どうぞ）という表現も、相手の性・数によって形が変わります。

どうぞ、これはあなた（女性）のです、ファーティマ夫人。 → تَفَضَّلِي، هٰذَا لَكِ، يَا سَيِّدَةُ فَاطِمَةُ.
タファッダリー　ハーザー　ラキ　ヤー　サイイダ　ファーティマ

（複数に対して）こちらからどうぞ。 → مِنْ هُنَا، تَفَضَّلُوا.
ミン　フナー　タファッダルー

2. 何時？／〜時です（كَمِ ٱلسَّاعَةُ؟ / اَلسَّاعَةُ ~.）

時刻の言い方を覚えましたが、時刻を尋ねるには كَمْ（カム／いくつ、などの意味）を使って、كَمِ السَّاعَةُ؟（カミッ・サーア／直訳「時間はいくつ？」）という言い回しを使います。

— 今、何時ですか？ → — كَمِ ٱلسَّاعَةُ ٱلْآنَ؟
カミッ・サーアル・アーン

— 今９時ちょっと過ぎです。 → — اَلسَّاعَةُ ٱلتَّاسِعَةُ وَقَلِيلٌ.
アッ・サーアトゥッ・ターシア　ワ・カリール

CD-26

★現地会話に馴染もう!!

م = مُصْطَفَى = ム = ムスタファ／ف = فَاطِمَةُ = フ = ファーティマ

お助け語句リスト

هَيَّا!	さあ、行こう！	أُغَيِّرُ	（私は）替える
تَفْعَلِينَ	あなた（女性）がする（<فَعَلَ）	مَلَابِسُ	複服
ثَانِيَةٌ	1秒、ちょっとの間	مُزْدَحِمٌ	混雑している
حَبِيبٌ	恋人、愛する人	بِسُرْعَةٍ	急いで

م - يَا فَاطِمَةُ! فَلْنَخْرُجْ. هَيَّا!
ーヤイハ ユジルハナ・ルァフ マィテーァフ ーヤ

ム ―ファーティマ！　出かけよう。さあ！

ف - دَقِيقَةٌ يَا مُصْطَفَى. كَمِ ٱلسَّاعَةُ ٱلْآنَ؟
ンーア・ルアーサ・ッミカ ーァフタスム ーヤ カーキダ

フ ―ちょっと待って、ムスタファ。今、何時？

م - اَلسَّاعَةُ ٱلْخَامِسَةُ وَالرُّبْعُ.
ウブル・ッワ サミーハ・ルアーサ・ッア

مَاذَا تَفْعَلِينَ؟
ナーリアフタ ーザーマ

ム ―5時15分だ。何してるの？

ف - ثَانِيَةً يَا حَبِيبِي. أَنَا أُغَيِّرُ مَلَابِسِي ٱلْآنَ.
ンーア・ルィスビーラマ ルイイガウ ーナア ービービハ ーヤ ヤニーサ

フ ―ちょっと待って、あなた。今、着替えているところなの。

م - اَلشَّارِعُ مُزْدَحِمٌ فِي هٰذَا ٱلْوَقْتِ. هَيَّا بِسُرْعَةٍ!
アルス・ビ ーヤイハ トクワ・ルザーハ ーィフ ムヒダズム ウリーャシ・ッア

فَأَنَا أُرِيدُ أَنْ أَخْرُجَ بِسُرْعَةٍ.
アルス・ビ ャジルハア ンア ドーリウ ーナア・ァフ

ム ―この時間、道が混んでいるんだ。急ごうよ！
さっさと出かけたいんだよ。

アラブ紙上体験 ⑦

▶エジプトから西へ飛んだモロッコの結婚式で。出席者に**ミント入り緑茶**（اَلشَّاىُ اَلأَخْضَرُ／アッシャーイ　ル　アフダル）を振る舞うお茶の専門の給仕人。ムスリムの社会ですから酒は出ず、茶が主役となります。こってりした甘さにミントが爽やかさを加え、風土に合っているせいか、何杯でもお代わりをしてしまいます。

▶シリア沙漠のベドウィンのテントの中の地面にしつらえた地炉。一番手前にあるのが دَلَّة（ダッラ）で、**コーヒーを給する道具**。砂糖の入っていない、苦く爽やかなコーヒーを小さな杯で 2、3 杯飲んだ後、甘い茶に移ります。この地炉の周りを男たちが車座になり、コーヒー、お茶と代わる代わるに飲みながら、様々な話題に花を咲かせるのです。

▶シリアの北部、アレッポの茶屋の風景。一般には、نَرْجِيلٌ（ナルジール）と呼ばれる**水キセル**をくゆらせています。茶と一緒に水キセルを注文し、往来を往く人を眺めたり茶屋の常連客と歓談するのも一興です。

オリエンタル・ダンス

地中海の周辺諸国で見られる特徴あるダンスに、**オリエンタル・ダンス**（اَلرَّقْصُ ٱلشَّرْقِيُّ／アル・ラクス　シャルキ）があります。これは**楽の音に合わせて、腰を中心に体を激しく振るかなり扇情的な踊り**です。とりわけエジプトでは結婚式には必ず付き物となっており、オリエンタル・ダンスは性的刺激を煽るための歓楽街だけのものではなく、人々の生活の中に根を下ろしています。腰を激しく振る動きは、生殖、新たなる命の誕生、豊穣への祈願がこめられていますから、婚儀に付き物である点も広く人々の生活の中に受け入れられていることも頷けます。エジプト等で結婚式に呼ばれて行ってみると、踊り子が激しいリズムに乗って登場し、場がわきたってくると列席者がたまらず踊り子と共に踊り出すことになるのが相場ですが、皆年期が入っていてうまいものです。男性も女性からスカーフ等を借りて、腰の廻りに巻き付けて踊りますが、これは腰の動きをはっきりさせるためで、**腰の動きがこの踊りのポイント**のようです。やがて子供たちも加わってかわいい腰つきで踊り出します。エジプトのオリエンタル・ダンスは土着色があってよいものですが、洗練されたレバノンやトルコのオリエンタル・ダンスにもひと味変わったよさがあります。

エジプトではこれまで時代を代表するスターが輩出しました。1930 年代にはタヒア・カリオカが登場。時を殆ど同じくして、30 年代から 40 年代にかけてはサミア・ガマールが彗星のごとく現れ、伝説的存在としてその名を後生にまで残しました。70 年代にはモナ・サイード、80 年代にはアサ・シャリーフの名が記念碑的なものとなりました。その後時代の激動の中でオリエンタル・ダンスも浮沈を経験しましたが、近年ではナグワ・フワードやスヘイル・ザキーの名が知られています。

陽が落ちてナイルの河風が吹きはじめ、やがて沙漠からの涼風がカイロの町を快く包む夏の一夜、オリエンタル・ダンスを見に出かけるのも一興です。踊り子の技量を見る楽しみも去ることながら、踊りを盛り上げる楽団もまたすばらしいものです。彼らが使う伝統的アラブの楽器には、قَانُونٌ（カーヌーン／**大正琴に似た弦楽器**）、عُودٌ（ウード／**琵琶に似た弦楽器**）、طَبْلَة（タブラ／**太鼓**）、タンバリンなどからなりますが、特にタブラを打つ激しい響きは踊りを盛り上げ観客を興奮のるつぼに投げ込まずにはおきません。底抜けに明るく陽気なアラブ人の興奮振りを見物するのも様々な発見があって勉強になります。

◎この課で身につけたことで、できること

・時刻の言い方

اَلسَّاعَةُ ٱلسَّادِسَةُ إِلاَّ ٱلرُّبْعَ ٱلْآنَ.　今、6 時 15 分前です。

ンーア・ルアブル・ッラッイ　サィデーサ・ッアーサ・ッア

・人を誘う

فَلْنَتَعَشَّ مَعاً.　一緒に夕食を食べましょう。

ンアマ　ーャシッアタナ・ルァフ

CD-27

اَلدَّرْسُ ٱلثَّامِنُ　يَجِبُ عَلَيَّ أَنْ أَذْهَبَ إِلَى مَكْتَبِ ٱلْبَرِيدِ.

ドーリバ・ルビタクマ　ーライ　バハズア　ンア　ヤイラア　ブジヤ

義務／目的

ك = كِيمِيكُو / ن = نَبِيلَةُ

ك: لَوْ سَمَحْتِ يَا آنِسَةُ نَبِيلَةُ. هَلِ ٱلسَّيِّدُ مُصْطَفَى مَوْجُودٌ؟

ドーュジウマ　ーァフタスム　ドイイサ・ッリハ　ラービナ　サニーア　ーヤ　ィテハマサ　ウラ

ن: أَهْلًا يَا مَدَامُ كِيمِيكُو. اَلسَّيِّدُ مُصْطَفَى ذَهَبَ إِلَى ٱلْبَنْكِ.

クンバ・ルライ　バハザ　ーァフタスム　ドイイサ・ッア　ークーミーキ　ムーダマ　ーヤ　ンラハア

هَلْ تُرِيدِينَ شَيْئًا؟

ンアイヤシ　ナーィデーリゥト　ルハ

ك: اِتَّصَلَ بِٱلتِّلِيفُونِ وَقَالَ لِي إِنَّ طَرْدًا وَصَلَ مِنْ طُوكِيُو.

ーュキーゥト　ンミ　ラサワ　ンダルタ　ナンイ　ーリ　ラーカ・ワ　ンーフーリィテ・ッビ　ラサタッイ

يَجِبُ عَلَيَّ أَنْ أَذْهَبَ إِلَى مَكْتَبِ ٱلْبَرِيدِ لِأَتَسَلَّمَهُ.

フマラッサタア・リ　ドーリバ・ルビタクマ　ーライ　バハズア　ンア　ヤイラア　ブジヤ

ن: إِذَنْ سَأُرْسِلُ يُوسُفَ لِكَيْ يَأْخُذَ ٱلطَّرْدَ مِنْ هُنَاكَ.

カーナフ　ンミ　ドルタ・ッザフアヤ　イカリ　フスーユ　ルィスルウサ　ンザィ

يَا يُوسُفُ! أَيْنَ هُوَ؟ مِنَ ٱلضَّرُورِيِّ أَنْ يَكُونَ فِي ٱلْمَكْتَبِ.

ブタクマ・ルィフ　ナークヤ　ンア　ーリールダ・ッナミ　ワフ　ナイア　フスーユ　ーヤ

ك: كَانَ أَمَامَ ٱلْمَبْنَى وَهُوَ يَشْرَبُ شَايًا مَعَ ٱلْبَوَّابِ.

ブーワウバ・ルアマ　ンヤーャシ　ブラュシヤ　ワフ・ワ　ーナブマ・ルマーマア　ナーカ

يَجِبُ عَلَى ～　～しなければならない
بَرِيدٌ　郵便
مَكْتَبُ ٱلْبَرِيدِ　郵便局
قَالَ إِنَّ ～　彼は～と言った
طَرْدٌ　小包
وَصَلَ　それが、彼が到着した
لِ　～するために
أَتَسَلَّمَ　私は受け取る（接続形）（＜تَسَلَّمَ）
لِكَيْ　～するために
ضَرُورِيٌّ　必須である
يَكُونَ　彼はいる、～である（接続形）（＜كَانَ）
كَانَ　彼はいた、～だった
بَوَّابٌ　門番

第８課　郵便局に行かなければならないのよ

第８課のあらすじ：東京から荷物が届いたようです。秘書のナビーラさんは、オフィス・ボーイのユースフに荷物を取りに行ってもらおうと思ったのですが…

君＝君子／ナ＝ナビーラ

君：すみません、ナビーラさん。ムスタファさんはいらっしゃる？

ナ：いらっしゃい、君子夫人。ムスタファさんは、銀行に行きました。

何か？

君：彼は電話をしてきて、東京から小包が届いた、と言ったの。

それを受け取りに、郵便局に行かなければならないのよ。

ナ：では、そこから小包を取ってくるために、ユースフを使いに出しましょう。

ユースフ！　どこかしら？　事務所にいなければいけないのに。

君：彼ならビルの前にいたわ、門番さんとお茶を飲んでいたわよ。

اَلْقِطَّةُ بُوسِي の「基本構文です。最低これだけは！」

أَنْ の後に来る接続形を使って「～しなければならない」という表現を学びましょう。

يَجِبُ عَلَى يُوسُفَ أَنْ يَذْهَبَ إِلَى مَكْتَبِ ٱلْبَرِيدِ.　ユースフは郵便局に行かなければなりません。

ドーリバ・ルビタクマ　ーライ　バハズヤ　ンア　フスーユ　ーラア　ブジヤ

مِنَ ٱلضَّرُورِيِّ أَنْ يَأْخُذَ ٱلطَّرْدَ.　彼は小包を取ってこなくてはなりません。

ドルタ・ッザフアヤ　ンア　ーリールダ・ッナミ

★こう答えるとこうなる！

“يَجِبُ عَلَيَّ أَنْ أَذْهَبَ إِلَى مَكْتَبِ ٱلْبَرِيدِ لِأَتَسَلَّمَهُ.” （5 行目）の場合

→ **手紙を航空便で出しに行く**ならこうなる

يَجِبُ عَلَيَّ أَنْ أَذْهَبَ إِلَى مَكْتَبِ ٱلْبَرِيدِ لِأُرْسِلَ هٰذِهِ ٱلرِّسَالَةَ بِٱلْبَرِيدِ ٱلْجَوِّيِّ.

ーィウウャジ・ルィデーリバ・ルビ　ラーサリ・ッヒイズーハ　ライスルウ・リ　ドーリバ・ルビタクマ　ーライ　バハズア　ンア　ヤイラア　ブジヤ

私はこの手紙を航空便で出すために郵便局まで行かなければなりません。

→ **切手を買いに行く**ならこうなる

يَجِبُ عَلَيَّ أَنْ أَذْهَبَ إِلَى هُنَاكَ لِأَشْتَرِيَ طَوَابِعَ بَرِيدِيَّةً.

ヤーィデーリバ　アビーワタ　ヤリタュシア・リ　カーナフ　ーライ　バハズア　ンア　ヤイラア　ブジヤ

私はそこへ郵便切手を買いに行かなければなりません。

“كَانَ أَمَامَ ٱلْمَبْنَى وَهُوَ يَشْرَبُ شَايًا مَعَ ٱلْبَوَّابِ.” （8 行目）の場合

→ **多分、ムスタファさんを送って行ったと思う**ならこうなる

رُبَّمَا خَرَجَ لِيُوَصِّلَ ٱلسَّيِّدَ مُصْطَفَى إِلَى ٱلْبَنْكِ بِٱلسَّيَّارَةِ.

ラーヤイサ・ッビ　クンバ・ルライ　ーァフタスム　ドイイサ・ッライスッワユ・リ　ジャラハ　ーマバッル

多分、ムスタファさんを車で銀行に送りに出たのでしょう。

→ **空港へ自分（私）の夫を迎えに行った**ならこうなる

ذَهَبَ إِلَى ٱلْمَطَارِ لِيَسْتَقْبِلَ زَوْجِي.　　夫を迎えに空港に行きました。

ージウザ　ラビクタスヤ・リ　ルータマ・ルライ　バハザ

このページの語句

بَرِيدٌ جَوِّيٌّ	航空便
اِشْتَرَى (يَشْتَرِي)	彼は買った
طَابِعٌ (بَرِيدِيٌّ)	（郵便）切手
وَصَّلَ (يُوَصِّلُ)	彼は送った、届けた
مَطَارٌ	空港
اِسْتَقْبَلَ (يَسْتَقْبِلُ)	彼は迎えた

その他関連語句

بَاعَ (يَبِيعُ) ウービヤ　アーバ	売る
بَرِيدٌ سَرِيعٌ ウーリサ ドーリバ	速達郵便
بَرِيدٌ مُسَجَّلٌ ルャジッサム ドーリバ	書留郵便
بَرِيدٌ عَادِيٌّ ーィデーア ドーリバ	普通郵便
بَرِيدٌ بَحْرِيٌّ ーリハバ ドーリバ	船便
بِطَاقَةٌ カータビ	カード
بِطَاقَةٌ بَرِيدِيَّةٌ ヤーィデーリバ カータビ	はがき

この課で身につく文法

1. ～するためにに、～しに（目的）

～ لِ や لِكَيْ のあとに接続形を置くと「～するために」という表現ができます。巻末の接続形の表を参照して下さい。

أَرْسَلَتْ نَبِيلَةُ يُوسُفَ لِيَأْخُذَ ٱلطَّرْدَ.

ドルタ・ッザフアヤ・リ フスーユ ラービナ トラサルア

ナビーラは小包を取ってくるようユースフをお使いに出しました。

2. ～しなければならない（義務 1）

يَجِبُ（完了形は وَجَبَ）「～することが義務である」という動詞を用いた言い方です。

يَجِبُ عَلَى يُوسُفَ أَنْ يَشْتَغِلَ.

ラギタュシヤ ンア フスーユ ーラア ブジヤ

ユースフは働かなくてはなりません。
（ユースフにとって働くことが義務である）

3. ～しなければならない（義務 2）

５課で出てきた～ مِنَ ٱلْمُمْكِنِ أَنْ（～することができる）の応用です。مُمْكِنٌ（可能である）という形容詞を ضَرُورِيٌّ（必要である）、مَفْرُوضٌ（課されている）などに変えると「～しなければならない」という表現になります。

مِنَ ٱلضَّرُورِيِّ أَنْ أَتَّصِلَ بِٱلتِّلِيفُونِ.

ンーフーリィテ・ッビ ライスタッア ンア ーリールダ・ッナミ

私は電話をかけなくてはなりません。

مِنَ ٱلْمَفْرُوضِ أَنْ يَكْتُبَ رِسَالَةً إِلَى طُوكِيُو.

ーユキーゥト ーライ ラーサリ バゥトクヤ ンア ドールフマ・ルナミ

彼は東京に手紙を書かなくてはなりません。

4. ～でした（كَانَ の用法）

「…は～です、～にあります」という現在形の言い方では、動詞は必要ありませんでしたが、「～でした」と状況が完了している場合には、كَانَ という動詞を使います。

كَانَ مُصْطَفَى فِي ٱلْمَكْتَبِ قَبْلَ سَاعَتَيْنِ.

ンイタアーサ ラブカ ブタクマ・ルィフ ーァフタスム ナーカ

ムスタファは２時間前に事務所にいました。

كُنْتُ سِكْرِتِيرَةً فِي تِلْكَ ٱلشَّرِكَةِ.

カリャシ・ッカルィテ ーィフ ラーィテリクィス ゥトンク

私はあの会社の秘書でした。

CD-28

使える表現

1. すみませんが (لَوْ سَمَحْتَ ／ لَوْ سَمَحْتِ)

「すみません」と人に声をかけるときの言い方です。

すみません！ → !لَوْ سَمَحْتَ（男性に対して）／ !لَوْ سَمَحْتِ（女性に対して）

タハマサ　ウラ　　　イテハマサ　ウラ

2. 〜しながら、〜のとき (...وَ)

وَ には英語でいう and（そして）の用法の他に「〜しながら」等、そのときの状況を付け加えて言うときにも使われます。

私はテレビを見ながらお茶を飲んでいます。 → أَشْرَبُ شَايًا وَأَنَا أَتَفَرَّجُ عَلَى ٱلتِّلِيفِزْيُونِ.

ンーユィズフーリィテ・ッラア　ユジラッァフタア　ーナア・ワ　ンヤーヤシ　ブラュシア

君子夫人が、あなたが事務所にいないときに見えました。 → جَاءَتِ ٱلسَّيِّدَةُ كِيمِيكُو وَأَنْتَ لَسْتَ فِي ٱلْمَكْتَبِ.

ブタクマ・ルィフ　タスラ　タンア・ワ　ークーミーキ　ダイイサ・ッィテアーャジ

ムスタファさんは昨日、具合が悪くて来ませんでした。 → مَا جَاءَ ٱلسَّيِّدُ مُصْطَفَى أَمْسِ وَهُوَ تَعْبَانُ.

シーバアタ　ワフ・ワ　ィスムア　ーァフタスム　ドイイサ・ッアーャジ　ーマ

★現地会話に馴染もう!!

ن =نَبِيلَةُ= ナ = ナビーラ／ م = مُصْطَفَى = ム = ムスタファ

お助け語句リスト

عِنْدَمَا　～したとき　　　　تَأَخَّرَ　彼は遅れた、遅刻した

ن - جَاءَتْ مَدَامُ كِيمِيكُو إِلَى ٱلْمَكْتَبِ وَحَضْرَتُكَ غَيْرُ مَوْجُودٍ.
ドーュジウマ　ルイガ　カゥトラドハ・ワ　ブタクマ・ルライ　ークーミーキ　ムーダマ　トアーャジ

ナ — 君子夫人があなたのいらっしゃらない間に事務所に見えました。

م - آه، رُبَّمَا تُرِيدُ أَنْ تَذْهَبَ إِلَى مَكْتَبِ ٱلْبَرِيدِ.
ドーリバ・ルビタクマ　ーライ　ブハズタ　ンア　ドーリゥト　ーマバッル　ーア

ム — ああ、彼女は多分、郵便局に行きたいのだろう。

ن - نَعَمْ. فَأَرْسَلْتُ يُوسُفَ إِلَى هُنَاكَ وَمِنَ ٱلْمَفْرُوضِ
ドールフマ・ルナミ・ワ　カーナフ　ーライ　フスーユ　ゥトルサルア・ァフ　ムアナ

أَنْ يَرْجِعَ إِلَى هُنَا بَعْدَ قَلِيلٍ.
ルーリカ　ダアバ　ーナフ　ーライ　アジルヤ　ンア

وَلٰكِنَّهُ مَا رَجَعَ بَعْدُ.
ドアバ　アャジラ　ーマ　フナンキーラワ

ナ — ええ。それでユースフをあちらへお使いに出しました。そろそろここに帰ってこなければならないのに、まだ戻りません。

م - كَمْ كَانَتِ ٱلسَّاعَةُ عِنْدَمَا خَرَجَ مِنَ ٱلْمَكْتَبِ؟
ブタクマ・ルナミ　ャジラハ　ーマダンイ　アーサ・ッイテナーカ　ムカ

ム — 彼が事務所を出たとき、何時だった？

ن - فِي ٱلسَّاعَةِ ٱلْعَاشِرَةِ تَقْرِيبًا.
ンバーリクタ　ラシーア・ルアーサ・ッイフ

ナ — だいたい、10 時頃でした。

م - أُو! لَقَدْ تَأَخَّرَ كَثِيرًا جِدًّا!
ンダッジ　ンラーィスカ　ラハッアタ　ドカラ　ーウ

ム — おお！　彼はずいぶん遅いじゃないか！

アラブ紙上体験 ⑧

▶郵便局の窓口。奥には**切手**（اَلطَّابِعُ／アッタービウ）の複数形 اَلطَّوَابِعُ（アッタワービウ）と書かれています。かっての郵便局のイメージは暗いことと長蛇の列というものでしたが、近年、前よりは改良されてきたようです。

▶通りに置かれた郵便ポスト。赤色のポストは一般の郵便用で、青色のポストは航空便用とあります。**郵便**（بَرِيدٌ／バリード）という言葉を覚えましょう。

▶切手 3 枚。右から**エジプト**（مِصْرُ／ミスル）、**シリア**（اَلْجُمْهُورِيَّةُ اَلْعَرَبِيَّةُ اَلسُّورِيَّةُ／ジュムフーリィヤ　アル・アラビィーヤ・スウリィーヤ）、**モロッコ**（اَلْمَمْلَكَةُ اَلْمَغْرِبِيَّةُ／マムラカトゥルマグレビィーヤ）の切手。

エジプトの農民

エジプトを訪れる外国人は先ずカイロかアレキサンドリアという都会に落ち着くでしょう。しかしカイロやアレキサンドリアのような都会だけがエジプトを代表している訳ではありません。特にエジプトの場合はナイル・デルタや上エジプトの農村に住む**農民たち**（فَلَاحُونَ／ファッラフーナ→単数はفَلَّاح／ファッラーフ）がエジプトの屋台骨としての大きな役割を果たしてきました。ファラオ時代にピラミッドを建造し、ナイル河の堰堤を造り、治水工事の労役に耐えて来たのは農民でした。スエズ運河を掘ったのも他ならぬ農民たちでした。カイロに豊かな食料を供給してきたのは主にナイル・デルタの農民たちです。カイロで活躍している作家、画家、新聞記者たちと友達になって最初に私が聞く質問は「**あなたは何処の出身ですか？**（أَيْنَ بَلَدُكَ؟／アイナ　バラドカ）」でした。その答えによると、**出身地がカイロではなく、どこかエジプトの農村部であることが多い**のですが、そうなると私が住んでいたシャルキーヤ県との比較になって、話題が次から次へと果てしなく続き、私が農村に住んだ経験があることが大変高く評価されるのが常でした。エジプトを知る上で農村は様々な点で重要な意味を持っているようです。**ジャマール・ハムダーン**（جَمَال حَمْدَان）という天才的な地理学者がいましたが、彼は名著『**エジプト的性格**（شَخْصِيَّة مِصْر／シャクシィーヤト　ミスル）』の中でナイル河と農民とさらに水の公正な配分者であるべき支配者を三つの項にしてエジプト的性格を見事に分析し解明していますが、農民はエジプト的性格を形成する上でもっとも重要な一項をなしているのです。

エジプトの近現代小説の中で秀作とされるものの多くが農村を舞台にしていますし、農村出身の作家たちもが多くいます。子供の時に農村で育っていなければ、力強い作品を書くことはできないからです。エジプトの底力は農民たちの中に秘められているように思えますし、エジプトの深部に到達するには農民の心性を経て行かなければならないような気もします。農村では未だに文盲率が高く、文字を読めない人も多いのですが、文字が読めなくても賢者は賢者で、文字が読めても愚者は愚者であることをエジプトの農村で学びました。都会の尺度をそのまま当てはめずに、農村に無心で入ってゆき、その地にあるものを大切にするなら貴重な体験がえられるでしょう。アラブ世界一般に言えることですが、都会にのみ固執するのでなく、一度都会の外に出て辺境の闇の中に身を置き、辺境に親しみながら**辺境からカイロなり、ダマスカスなりその国の都会を見てみては如何**でしょうか？

◎この課で身につけたことで、できること

・しなければならないことの表現

يَجِبُ عَلَيَّ أَنْ أُرْسِلَ هٰذِهِ ٱلرِّسَالَةَ.　私はこの手紙を送らなくてはなりません。

ラーサリ・ッヒィズーハ ラィスルウ ンア ヤイラア ブジヤ

・何のためか、目的の言い方

جَلَسَ يُوسُفُ لِيَشْرَبَ شَايًا مَعَ ٱلْبَوَّابِ.　ユースフは門番とお茶を飲むために座りました。

ブーウワバ・ルアマ ンヤーャシ バラュシヤ・リ フスーユ サラャジ

CD-30

第７課と第８課を ここでちょっとチェック！

I. カッコ内に単語を補って、ムスタファさんの話を完成させてください。

1）5 時半に、田中さんの一家がやってきました。

(　　) أُسْرَةُ ٱلسَّيِّدِ تَانَاكَا فِي (　　) ٱلْخَامِسَةِ وَ (　　).

( )　ワ　サミーハ・ル　( )　ィフ　ーカーナータ　ドイイサ・ッウトラスウ　( )

2）私たちは、船に乗りました。そして、テーブルの周りに座りました。

وَ (　　) ٱلْمَرْكَبَ وَ (　　) حَوْلَ ٱلْمَائِدَةِ.

ダイーマルラウハ　( )　ワ　ブカルマ・ル　( )　ワ

3）それから、6 時ちょうどに船が動きました。　※ ثُمَّ＝それから

ثُمَّ فِي ٱلسَّاعَةِ (　　) بِـ (　　) تَحَرَّكَ ٱلْمَرْكَبُ.

ブカルマ・ルカラッハタ　( )　ビ　( )　アーサ・ッィフ　マンス

4）私たちは、食べたり飲んだりしました。ダンサーが踊り始めたとき、アフマドと勇は、彼女と一緒に踊りました。　※ بَدَأَ＝始める

وَقَدْ (　　) وَ (　　). عِنْدَمَا بَدَأَتِ ٱلرَّاقِصَةُ (　　)،

( )　サキーラ・ッィテアダバ　ーマダンイ　( )　ワ　( )　ドカワ

أَحْمَدُ وَإِيسَامُو (　　) مَعَهَا.

ーハアマ　( )　ームーサーイ・ワ　ドマハア

5）私たちは、この船で、8 時まですてきな時間を過ごしました。

وَ (　　) وَقْتًا جَمِيلًا فِي (　　) ٱلْمَرْكَبِ حَتَّى ٱلسَّاعَةِ (　　).

( )　アーサ・ッタッハ　ブカルマ・ル　( )　ーィフ　ンラーミャジ　ンタクワ　( )　ワ

II. オフィス・ボーイのユースフの話を日本語に訳してください。

1）ذَهَبْتُ إِلَى مَيْدَانِ «رَمْسِيس» لِكَيْ آخُذَ طَرْدَ ٱلسَّيِّدِ تَانَاكَا.

カーナータ　ドイイサ・ッダルタ　ザフーア　イカリ　スーィスムラ　ンーダイマ　ーライ　トゥブハザ

2）وَٱلْمُوَظَّفُونَ هُنَاكَ كُسَالَى وَهُمْ يَتَكَلَّمُونَ مَعَ ٱلزُّمَلَاءِ.

ーラマズ・ッアマナームラッカタヤ　ムフ・ワ　ーラーサカ　カーナフ　ンーフザッワム・ルワ

※ مُوَظَّفُونَ＝複職員（＜مُوَظَّفٌ）／زُمَلَاءُ＝複同僚（＜زَمِيلٌ）

3）ثُمَّ أَعْطَوْنِي ٱلطَّرْدَ أَخِيرًا. فَرَجَعْتُ إِلَى ٱلْمَكْتَبِ بِسُرْعَةٍ.　※ فَـ＝そして、それで

アルス・ビ　ブタクマ・ルライ　トウャジラ・ァフ　ンラーヒア　ドルタ・ッニウタアア　マンス

4) وَصَلْتُ إِلَى ٱلْمَكْتَبِ فِي ٱلسَّاعَةِ ٱلْوَاحِدَةِ وَٱلرُّبْعِ.
ウブル・ッワ　ダヒーワ・ルアーサ・ッィフ　ブタクマ・ルライ　ゥトルサワ

5) قَالَتِ ٱلْآنِسَةُ نَبِيلَةُ لِي: أَنْتَ تَأَخَّرْتَ كَثِيرًا!
ンラーィスカ　タルハッアタ　タンア　ーリ　ラービナ　サニーア・ルィテラーカ

6) مَاذَا أَفْعَلُ؟ كَانَ ٱلشَّارِعُ مُزْدَحِمًا.
ンマヒダズム　ウリーャシ・ッナーカ　ルアフア　ーザーマ

III. アラビア語で「〜しようよ」と相手に言ってみましょう。

1) 手紙を書こう。
2) アラビア語で話そう。
3) ビールを飲もう。

[解答]

I.

1) جَاءَتْ، ٱلسَّاعَةَ، ٱلنِّصْفِ　2) رَكِبْنَا، جَلَسْنَا　3) ٱلسَّادِسَةَ، ...ٱلضَّبْطِ
フスニ・ン　アーサ・ッ　トアーャジ　ーナスラャジ　ーナブキラ　トブダ・ッ　サィデーサ・ッ

4) رَقَصَا، تَرْقُصُ، شَرِبْنَا، أَكَلْنَا　5) قَضَيْنَا، هٰذَا، ٱلثَّامِنَةَ
ーサカラ　スクルタ　ーナブリャシ　ーナルカア　ナミーサ・ッ　ーザーハ　ーナイダカ

II.

1) 僕はラムセス広場に、田中さんの小包を取りに、行きました。
2) あそこの職員は怠け者で、同僚たちとおしゃべりをしています。
3) そうして、ついに彼らは僕に小包をくれました。
それから僕はすぐに事務所に戻りました。
4) 僕は事務所に1時15分に着きました。
5) ナビーラ嬢が僕に「ずいぶん遅かったわね！」と言いました。
6) 僕はどうしたらいいんです？　通りは混んでいたんです。

III.

1) فَلْنَكْتُبْ رِسَالَةً.　2) فَلْنَتَكَلَّمْ بِٱللُّغَةِ ٱلْعَرَبِيَّةِ.　3) فَلْنَشْرَبْ بِيرَةً.
ラーサリ　ブゥトクナ・ルァフ　ヤービラア・ルィテガル・ッビ　ムラッカタナ・ルァフ　ラービ　ブラュシナ・ルァフ

CD-31

اَلدَّرْسُ ٱلتَّاسِعُ　لَا تَنْسَيْ أَنْ تَشْتَرِيَ أَرُزًّا وَ طَمَاطِمَ.

ムィテーマタ・ワ　ンザルア　ヤリタュシタ　ンア　イサンタ　ーラ

命令・禁止／比較

ك = كِيمِيكُو / ع = عَائِشَةُ

ك: هٰذِهِ عِشْرُونَ جُنَيْهًا . أُرِيدُ نِصْفَ كِيلُو مِنَ ٱلْجَزَرِ.

ルザャジ・ルナミ　ールーキ　フスニ　ドーリウ　ンハイナュジ　ナールュシイ　ヒイズーハ

ع: فَهِمْتُ. إِذَنْ سَأَشْتَرِي ٱلْخُضَارَ مِنَ ٱلسُّوقِ.

クース・ッナミ　ルーダフ　・ルリタュシアサ　ンザイ　トムヒァフ

ك: لِمَاذَا؟ إِنَّ ٱلسُّوبَرْمَارْكِتَ أَقْرَبُ مِنْهُ.

フンミ　ブラクア　トキルーマルバース・ッナンイ　ーザーマリ

ع: أَنَا أُفَضِّلُ ٱلسُّوقَ لِأَنَّ ٱلْخُضْرَوَاتِ فِي ٱلسُّوقِ أَلَذُّ وَأَرْخَصُ.

スハルア・ワ　ズッラア　クース・ッイフ　トーワラドフ・ルナンアリ　クース・ッルイデッァフウ　ーナア

ك: فَهِمْتُ. عِنْدَمَا تَرْجِعِينَ مِنَ ٱلسُّوقِ ٱغْسِلِي ٱلْمَلَابِسَ.

スビーラマ・ルリィスグイ　クース・ッナミ　ナーイャジルタ　ーマダンイ　トムヒァフ

وَلٰكِنْ لَا تَغْسِلِي ٱلْمَلَابِسَ ٱلْبَيْضَاءَ وَٱلْمَلَابِسَ ٱلْمُلَوَّنَةَ مَعًا .

ンアマ　ナワウラム・ルサビーラマ・ルワ　ーダイバ・ルサビーラマ・ルリィスグタ　ーラ　ンキーラワ

ع: حَاضِرٌ، يَا مَدَامُ.

ムーダマ　ーヤ　ルィデーハ

ك: لَا تَنْسَيْ أَنْ تَشْتَرِي أَرُزًّا وَ طَمَاطِمَ.

ムィテーマタ・ワ　ンザルア　ヤリタュシタ　ンア　イサンタ　ーラ

طَمَاطِمُ　トマト
تَنْسَيْ　あなた（女）が忘れる（短形）（<نَسِيَ）
أَرُزٌّ　お米
عِشْرُونَ　20
جُنَيْهٌ　ポンド
كِيلُو　キロ
مِنْ　〜のうちの（部分を表す）
جَزَرٌ　にんじん
فَهِمْتُ　私が理解した（<فَهِمَ）
خُضَارٌ　野菜（複 خُضْرَوَاتٌ）
سُوقٌ　市場
سُوبَرْمَارْكِت　スーパーマーケット
أَقْرَبُ　より近い（<قَرِيبٌ）
مِنْ　〜より（比較の対象を示す）
أُفَضِّلُ　私はより好きだ（<فَضَّلَ）
لِأَنَّ　なぜなら
أَلَذُّ　よりおいしい（<لَذِيذٌ）
أَرْخَصُ　より安い（<رَخِيصٌ）
اِغْسِلِي　（女性に対して）洗いなさい（<غَسَلَ）
تَغْسِلِي　あなた（女）が洗う（短形）
بَيْضَاءُ　女白い（<أَبْيَضُ）
مُلَوَّنَةٌ　女色の付いた、カラーの（<مُلَوَّنٌ）

第９課　お米とトマトを買うのを忘れないでね

第９課のあらすじ：メイドのアーイシャさんに買い物を頼んだら、市場に行ってくると言う。どうして？　スーパーマーケットの方が近いのに・・・

君＝君子／ア＝アーイシャ

君：これが 20 ポンド。にんじん２分の１キロが欲しいの。

ア：わかりました。では、市場で野菜を買ってきます。

君：どうして？　スーパーマーケットの方がそれより近いわ。

ア：私は市場の方が好きです、市場の野菜の方がおいしいし、安いから。

君：わかったわ。市場から帰ったら、服を洗ってちょうだい。

でも、白い服と色の付いた服を一緒に洗わないで。

ア：かしこまりました、奥様。

君：お米とトマトを買うのを忘れないでね。

اَلْقِطَّة بُوسِي の「基本構文です。最低これだけは！」

「…より～です」という言い方では、形容詞の型に一定のパターンがあります。

اَلسُّوبَرْمَارْكَت أَقْرَبُ مِنَ ٱلسُّوقِ.　スーパーマーケットは市場より近いです。
クース・ッナミ　ブラクア　トキルーマルバースッア

هٰذِهِ ٱلْخُضْرَوَاتُ أَلَذُّ مِنْ تِلْكَ.　この野菜はあちらのよりおいしいです。
カルィテ　ンミ　ズッラア　トーワラゥドフ・ルヒィズーハ

★こう答えるとこうなる！

“هٰذه عِشْرُونَ جُنَيْهًا.” （1 行目）の場合

→ **15 ポンド**ならこうなる

هٰذه خَمْسَةَ عَشَرَ جُنَيْهًا.　　これは 15 ポンドです。

ンハイナュジ ラャシア タサムハ ヒィズーハ

→ **10 ポンド**ならこうなる

هٰذه عَشَرَةُ جُنَيْهات.　　これは 10 ポンドです。

トーハイナュジ トラュシア ヒィズーハ

“عِنْدَمَا تَرْجَعِينَ مِنَ ٱلسُّوقِ اغْسِلِي ٱلْمَلَابِسَ.” （5 行目）の場合

→ **フラットのお掃除を頼む**ならこうなる

عِنْدَمَا تَرْجَعِينَ مِنَ ٱلسُّوقِ نَظِّفِي ٱلشَّقَّةَ.

カッャシ・ッィフザッナ クース・ッナミ ナーイャジルタ ーマダンイ

市場から帰ったら、フラットを掃除して。

“لَا تَغْسِلِي ٱلْمَلَابِسَ ٱلْبَيْضَاءَ وَٱلْمَلَابِسَ ٱلْمُلَوَّنَةَ مَعًا.” （6 行目）の場合

→ **ウールのセーターをお湯で洗って欲しくない**ならこうなる

لَا تَغْسِلِي ٱلْبُلُوفَرَ بِٱلْمَاءِ ٱلسَّاخِنِ لِأَنَّهُ مِنَ ٱلصُّوفِ.

フース・ッナミ フナンアリ ンヒーサ・ッイーマ・ルビ ルァフールブ・ルリィスグタ ーラ

セーターをお湯で洗わないで、それはウールだから。

このページの語句

خَمْسَةَ عَشَرَ	男15
عَشَرَةٌ	男10
بُلُوفَرٌ	セーター
سَاخِنٌ	熱い
صُوفٌ	羊毛、ウール

その他関連語句

خُبْزٌ ズブフ	パン	حَرِيرٌ ルーリハ	絹
طَعَامٌ (أَطْعِمَةٌ) マイトア ムアータ	食物、食事	قَمِيصٌ (قُمْصَانٌ) ンーサムク スーミカ	シャツ、ブラウス
بَطَاطِسُ スイテータバ	ジャガイモ	جِيبَةٌ (جِيبَاتٌ) トーバージ バージ	スカート
فَاكِهَةٌ (فَوَاكِهُ) フキーワフ ハキーァフ	果物	سِرْوَالٌ (سَرَاوِلُ) ルィウーラサ ルーワルィス	ズボン、下穿き
قُطْنٌ (أَقْطَانٌ) ンータクア ントク	綿、木綿		

この課で身につく文法

1. ～するな（禁止）

1 7 課で出てきた、短形を使います。2 人称の形の前に、否定の لَا を付けて、次のように言います。

لَا تَذْهَبْ إِلَى ٱلسُّوبَرْمَارْكِت. スーパーマーケットに行かないでください。
ラー タズハブ イラッ・スーバルマールキト

2 女性単数、双数、男性複数の場合は、語尾の نَ を取り除くだけです。接続形と同じ形になっています。

لَا تَغْسِلِي ٱلْبُلُوفَرَ. セーターを洗わないでください。
ラー タグスィリ・ルブルーファル

3 なお、男性単数で、تَنْسَى（タンサー／あなたは忘れる）、تَكُونُ（タクーヌ／あなたは～である）のように、長母音を持つ未完了形の場合、その短形は تَنْسَ（タンサ）、تَكُنْ（タクン）のように、母音を短くします。

2. ～しなさい（命令）

二人称の短形の語頭の تَ（タ）や、تُ（トゥ）を除くと「～しなさい」という命令形になります。

تُنَظِّفْ → نَظِّفْ お掃除しなさい。
トゥナッズィフ　ナッズィフ

تَ や、تُ を除いたあと、母音のつかない文字が語頭にきたら、ا（アリフ）を付け次のルールに従って発音します。

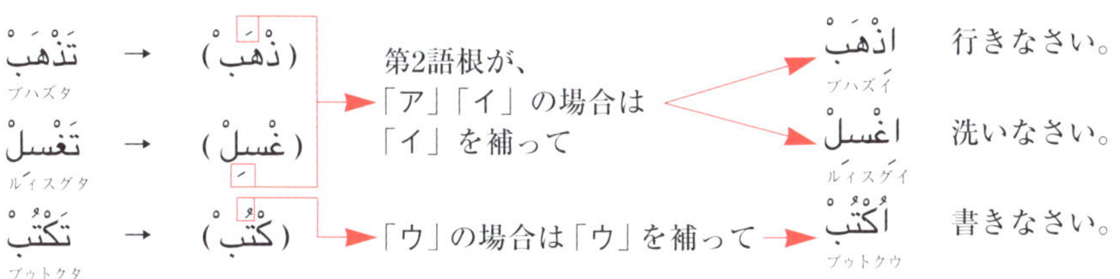

ただし、أ が語頭に来る動詞は注意が必要です。

أَكَلَ（彼は食べた）→ تَأْكُلْ → (أْكُلْ) → كُلْ 食べなさい。
アカラ　タアクル　クル

أَعْطَى（彼は与えた）→ تُعْطِ → (عْطِ) → أَعْطِ 与えなさい。
アアター　トゥウティ　アアティ

CD-32

使える表現

1. …の方が好き（~ عَلَى … فَضَّلَ）

فَضَّلَ という動詞で「…の方が好き」と言えます。「~より」というには前置詞 عَلَى を使います。

人々は木綿より絹の方が好きです。 → يُفَضِّلُ ٱلنَّاسُ ٱلْحَرِيرَ عَلَى ٱلْقُطْنِ.
ントク・ルラア　ルーリハ・ルスーナ・ンルィデッァフユ

2. ~より…だ（مِنْ）

形容詞を「a □□ a □ u」のパターンに当てはめ「~より…だ」という比較の表現ができます。「~より」مِنْ という前置詞を使います。（□にはそれぞれ子音の文字が来ます）

絹は木綿より美しいです。 → اَلْحَرِيرُ أَجْمَلُ مِنَ ٱلْقُطْنِ.
ントク・ルナミ　ルマュジア　ルーリハ・ルア

（美しい　جَمِيلٌ → より美しい　أَجْمَلُ）

しかしそれ（木綿）はそれ（絹）より安いです。 → وَلٰكِنَّهُ أَرْخَصُ مِنْهُ
フンミ　スハルア　フナンキーラワ

（安い　رَخِيصٌ → より安い　أَرْخَصُ）

3. 色の表現

色を表す形容詞も「a □□ a □ u」のパターンになります。女性形や複数形にも定まったパターンがあります。

青い → أَزْرَقُ（男性単数）、 زَرْقَاءُ（女性単数）
クラズア　ーカルザ

زُرْقٌ（男女複数）、 زَرْقَاوَاتٌ（女性複数）
クルズ　トーワーカールザ

青いセーターと赤いスカート → اَلْبُلُوفَرُ ٱلْأَزْرَقُ وَٱلْجِيبَةُ ٱلْحَمْرَاءُ
ーラムハ・ルバージ・ルワ　クラズア・ルルァフールブ・ルア

ホワイト・ハウスはアメリカに、カサ・ブランカはモロッコにあります。 → اَلْبَيْتُ ٱلْأَبْيَضُ فِي أَمْرِيكَا
ーカーリムア　ーィフ　ドヤブア・ルトイバ・ルア

وَٱلدَّارُ ٱلْبَيْضَاءُ فِي ٱلْمَغْرِبِ.
ブリグマ・ルィフ　ーダイバ・ルルーダ・ッワ

CD-33

★現地会話に馴染もう!!

ب = بَائِعٌ = 売 = 売り手／ع = عَائِشَةُ = ア = アーイシャ

お助け語句リスト

بَائِعٌ	売り手	قِرْشٌ	ピアストル（=100 分の 1 ポンド）
بَصَلٌ	タマネギ		

ب - كَمْ كيلُو منَ ٱلْبطَاطس تُريدينَ؟
ナーィデーリゥト スィテータバ・ルナミ ールーキ ムカ
売 — ジャガイモ、何キロ欲しいの？

ع - أُريدُ كيلُو ونَصْفَ منَ ٱلْبطَاطسِ
ズィテータバ・ルチミ フスニ・ワ ールーキ ドーリゥ
وَكيلُو منَ ٱلْبصَلَ، لَوْ سَمَحْتَ.
タハマサ ウラ ルサバ・ルナミ ールーギ・ワ
ア — ジャガイモ 1 キロ半と、タマネギ 1 キロが欲しいんです。

ب - كيلُو ٱلْبطَاطس بخَمْسَة وَستِّينَ قرْشًا
ンャシルキ ナーィテッィス・ヴ サムハ・ビ ズィテータバ・ルルーキ
وَكيلُو ٱلْبصَل بثَلاَثينَ قرْشًا .
ンャシルキ ンーィスーラサ・ビ ルサバ・ルルーギ・ワ
売 — ジャガイモ 1 キロが 65 ピアストル、タマネギ 1 キロが 30 ピアストル。

ع - بكَمْ كيلُو ٱلطَّمَاطم؟
ムイテーマタ・ッルーキ ムカビ
ア — トマト 1 キロはいくら？

ب - سَبْعُونَ قرْشًا .
ンャシルキ ンーウブサ
売 — 70 ピアストル。

ع - إذَنْ أَعْطني كيلُو ٱلطَّمَاطم، أَيْضًا .
ンダイア ムイテーマタ・ッルーキ ーニイテアア ンザイ
ア — では､トマトも 1 キロちょうだい。

アラブ紙上体験 ⑨

▶肉屋の店頭。肉を買うのは男の仕事のようです。肉屋へ行くと**羊**（خَرُوف／ハルーフ）や**牛**（بَقَر／バカル）の大きな胴体がぶら下がっているので、何の肉のどの部分をどのくらい欲しいと肉屋とやり取りする必要があります。肉屋が注文した肉を切り刻んでいる間も目を光らしていないと侮られる恐れがありますが、これも肉を買うこつを呑み込めば面白くもあります。

▶雑貨屋。この雑貨屋は بَقَّالَةُ ٱلْكَرْنَكِ（バッカーラ　カルナク）と書かれているから、**カルナックという名の雑貨屋**。日常生活に必要な物の名を覚えたり、数に慣れるには雑貨屋へ通うのが一つの勉強法となります。

▶果物屋。店頭にバナナやナツメヤシやオレンジが見えるが、エジプトの果物は安くて、種類が豊富で、果物本来の味を留めていて本当に美味しい。なかでも**マンゴー**（مَنْجُو／マンジュ）、**西瓜**（بَطِّيخ／バッティーフ）、**ザクロ**（رُمَّان／ルンマーン）は一度食べたらやみつきになるほど。

市場にて

アラブ世界の**市場**（اَلسُّوقُ／スーク）はどこも活気に溢れていて、ただそこでアラブ人を観察するだけでも面白いし、勉強になることが沢山あります。数を覚えたらそれを実地に使って見るのにスークは格好の場所です。野菜や果実や香料や穀物の名を覚えるのにも役立ちます。一般にものを買う時幾つかアラブ世界で特徴的に見られる点について書いて見ましょう。

先ずものの値段は固定化されたものではなく、**売り手と買い手の間でその度毎に決まる**という考え方があるようです。ある品を安く買えば買うほど、その人は人間巧者とされ、自慢できるというような風潮がみられます。価値のないものを高い値で買うと仲間うちで物笑いにされたりします。品物を見ると直ぐ「**幾らだった？**」（بِكَمْ؟／ビカム）と言う言葉が壁に当たったゴム毬のように跳ね返ってきます。

モロッコの作家、アブドル・カリーム・ガッラーブの『**我々は過去を葬った**』（دَفَنَّا اَلْمَاضِي／ダファンナー　マーディー）を読みますと、フェズにおける人々の慣行を知ることができます。そこでは女性隔離の慣行が残っているためもあってか、**買い物は一家の主の行う大事な社会的行為**なのです。早朝富裕な商人であるその一家の主人は買い物かごを下げてスークへ行き、肉や野菜を買い求めます。彼は帰宅するとそれを計りに掛けて調べ、自分がだまされていないことを確認します。もし少しでも目方がおかしければすぐとって返して店の主人に抗議します。そのことによって彼は「できる人間だ」と評価されるのです。我が国における商行為の信用の質とかなり異なるものが見られます。

一般にアラブ人はものの売買を楽しんでいるというか、生き甲斐を感じているような気配があります。それに彼らは**値段の交渉**（مُسَاوَمَةٌ／ムサーワマ）にふんだんに使う充分な時間を持っているようです。ものの相場を知っていて、それをいま少し値切り倒せなければ一人前ではないという共通認識があるようです。

アラブ世界には観光の名所となっている有名なスークが沢山あります。シリアの**ハムデーイヤ**（اَلْحَمُودِيَّةُ）やエジプトの**ハーン・ハリーリー**（اَلْخَانُ اَلْخَلِيلِي）など数多くあります。マグレブ地方ではどの町にも旧市街があり、それらは一般に**メジナ**（اَلْمَدِينَةُ／マディーナ）と呼ばれていますが、迷路のようになったメジナの中で其の地の人々に混じって買い物をしたりするのも楽しい時となるでしょう。

◎この課で身につけたことで、できること

・「～してください」と指示する言い方

أَعْطِنِي ثَلَاثَةَ جُنَيْهَاتٍ.　　私に３ポンドください。

アアティニー　サラーサタ　ジュナイハーティ

・「～しないでください」と禁止する言い方

لَا تَشْتَرِ شَيْئًا رَخِيصًا.　　安いものを買わないでください。

ラー　タシュタリ　シャイアン　ラヒーサン

CD-34

اَلدَّرْسُ ٱلْعَاشِرُ　يَبْدُو أَنَّ ٱلشَّمْسَ قَوِيَّةٌ فِي ٱلنَّهَارِ.

ルーハナ・ンィフ　ヤーィウカ　スムャシ・ッナンア　ーゥドブヤ

推量・伝聞／自然

ي= يُومِيكُو / م= مُصْطَفَى / ت= تَانَاكَا

ي: اَلْجَوُّ حَارٌّ! فَلْنَفْتَحِ ٱلشَّبَابِيكَ لِكَيْ تَدْخُلَ ٱلرِّيحُ.

フーリ・ッラフドタ　イカリ　クービーバャシ・ッヒタフナ・ルァフ　ルッーハ　ウウャジ・ルア

يَبْدُو أَنَّ ٱلشَّمْسَ قَوِيَّةٌ فِي ٱلنَّهَارِ.

ルーハナ・ンィフ　ヤーィウカ　スムャシ・ッナンア　ーゥドブヤ

م: هَلْ نَفْتَحُ جِهَازَ ٱلتَّكْيِيفِ أَوِ ٱلْمِرْوَحَةَ ٱلْكَبِيرَةَ ٱلَّتِي

ィテラ　ッラービカ　ルハワルミ　ルィウア　フーイクタ　ッザーハジ　フタフナ　ルハ

ٱشْتَرَيْنَاهَا أَوَّلَ أَمْسِ؟

ィスムア　ラワウア　ーハーナイラタュシ

ي: جِهَازُ ٱلتَّكْيِيفِ، لَوْ سَمَحْتَ. إِذَنْ فَلْنُغْلِقِ ٱلشَّبَابِيكَ.

クービーバャシ・ッキリグヌ・ルァフ　ンザイ　タハマサ　ウラ　フーイクタ・ッズーハジ

أَلَا تُمْطِرُ فِي هٰذَا ٱلْوَقْتِ؟

トクワ・ルザーハ　ーィフ　ルィテムゥト　ーラア

م: لَا. وَلٰكِنْ فِي ٱلشِّتَاءِ تُمْطِرُ أَحْيَانًا.

ンナーヤハア　ルィテムゥト　ータシ・ッィフ　ンキーラワ　ーラ

ت: سَمِعْتُ أَنَّهَا تُمْطِرُ مَطَرًا كَثِيرًا عَلَى ٱلشَّوَاطِئِ.

ッィテーワャシ・ッラア　ンラーィスカ　ンラタマ　ルィテムゥト　ーハナンア　トゥミサ

- يَبْدُو　～のようだ（< بَدَا）
- اَلشَّمْسُ　女太陽
- قَوِيٌّ　強い
- جَوٌّ　天気、空気
- حَارٌّ　暑い
- نَفْتَحُ　私たちが開ける、（電気製品の）スイッチをいれる（< فَتَحَ）
- شَبَابِيكُ　複窓（< شُبَّاكٌ）
- رِيحٌ　女風
- جِهَازٌ　装置
- جِهَازُ ٱلتَّكْيِيفِ　エアコンディショナー
- مِرْوَحَةٌ　扇風機
- اَلَّتِي　女（関係代名詞－単数）
- نُغْلِقُ　私たちが閉める（< أَغْلَقَ）
- تُمْطِرُ　雨を降らせる（< أَمْطَرَ）
- اَلشِّتَاءُ　冬
- أَحْيَانًا　ときどき
- سَمِعْتُ　私は聞いた（< سَمِعَ）
- مَطَرٌ　雨
- شَوَاطِئُ　複海岸（< شَاطِئٌ）

第 10 課　昼間は日差しが強いようですね

第 10 課のあらすじ： 夏休みになってカイロに来た由美子。さっそく、父のオフィスに顔を出すが、とにかく暑い。

由＝由美子／ム＝ムスタファ氏／田＝田中氏

由：暑いですね！　風が入るように、窓を開けましょう。

昼間は日差しが強いようですね。

ム：エアコンをつけましょうか、それとも、おととい買った大きな扇風機をつけますか？

由：エアコンをお願いします。じゃ、窓を閉めましょう。

この時期には、雨は降らないんですか？

ム：降りません。でも、冬にはときどき雨が降りますよ。

田：海岸地域では、たくさん雨が降ると聞いています。

اَلْقِطَّةُ بُوسِي の「基本構文です。最低これだけは！」

أَنَّ のあとに文を続けて「～ようです」「～だそうです」の表現ができます。

يَبْدُو أَنَّ ٱلشَّمْسَ قَوِيَّةٌ.　日差しが強いようです。

ヤーィウカ　スムャシ・ッナンア　ーゥドブヤ

سَمِعْتُ أَنَّهَا تُمْطِرُ قَلِيلاً فِي ٱلشِّتَاءِ.　冬に雨が少し降るそうです。

ータシ・ッィフ　ンラーリカ　ルィテムゥト　ーハナンア　ゥトウミサ

★こう答えるとこうなる！

“؟ ~ هَلْ نَفْتَحُ جِهَازَ ٱلتَّكْيِيفِ” (3~4 行目) の場合

→ **おととい取り付けたエアコンをつけるかどうかたずねる**ならこうなる

هَلْ نَفْتَحُ جِهَازَ ٱلتَّكْيِيفِ ٱلْجَدِيدَ ٱلَّذِي أَعْدَدْنَاهُ أَوَّلَ أَمْسِ؟

ィスムア ラワゥア フーナドダアア ーィズラッダーィデャジ・ルィフーイクタ・ッザーハジ フタフナ ルハ

私たちがおととい準備した新しいエアコンをつけますか？

“أَلَا تُمْطِرُ فِي هٰذَا ٱلْوَقْتِ؟” (6 行目) の場合

→ **山の方で雪が降るかどうかたずねる**ならこうなる

أَلَا يَسْقُطُ ٱلثَّلْجُ فِي ٱلْجِبَالِ؟　山地に雪が降りませんか？

ルーバジ・ルィフ ユジルサ・ッゥトクスヤ ーラア

“سَمِعْتُ أَنَّهَا تُمْطِرُ مَطَرًا كَثِيرًا عَلَى ٱلشَّوَاطِئِ.” (8 行目) の場合

→ **新聞で「春にいつも砂嵐が来る」という記事を読んだ**ならこうなる

قَرَأْتُ فِي ٱلْجَرِيدَةِ أَنَّ رِيَاحَ ٱلْخَمَاسِينِ تَجِيءُ فِي ٱلرَّبِيعِ دَائِمًا.

ンマイーダ ウービラ・ッィフ ウージタ ンーィスーマハ・ルハーヤリ ナンア ダーリャジ・ルィフ ゥトウラカ

私は新聞で、春にいつも砂嵐が来るという記事を読みました。

→ **ラジオで「今日は風が弱い」と聞いた**ならこうなる

سَمِعْتُ مِنَ ٱلرَّادِيُو أَنَّ ٱلرِّيحَ ضَعِيفَةٌ ٱلْيَوْمَ.

マウヤ・ルァフーィダ ハーリ・ッナンア ーユィデーラ・ッナミ ゥトウミサ

私はラジオで「今日は風が弱い」と聞きました。

このページの語句

- ٱلَّذِي　男（関係代名詞－単数）
- أَعْدَدْنَا　私たちが準備した（＜أَعَدَّ）
- يَسْقُطُ　それが落ちる（＜سَقَطَ）
- ثَلْجٌ　雪
- جِبَالٌ　複山（＜جَبَلٌ）
- قَرَأْتُ　私が読んだ（＜قَرَأَ）
- جَرِيدَةٌ　新聞
- رِيَاحٌ　複風（＜رِيحٌ）
- رِيَاحُ ٱلْخَمَاسِينِ　砂嵐
- رَبِيعٌ　春
- دَائِمًا　いつも
- رَادِيُو　ラジオ
- ضَعِيفٌ　弱い

その他関連語句

- خَرِيفٌ　秋（フーリハ）
- ٱلْقَمَرُ　（天体の）月（ルマカ・ルア）
- عَاصِفَةٌ　嵐（アフィスーア）
- ٱلسَّمَاءُ　空、天（ウーマサ・ッア）
- أَرْضٌ　女地面、大地（ドルア）
- نَهْرٌ　川（ルハナ）
- بَحْرٌ　海（ルハバ）
- مَجَلَّةٌ　雑誌（ラッャジマ）
- بُرْنَامَجٌ　番組（ユジマーナルブ）

この課で身につく文法

1. 扇風機を買った田中さん…（関係代名詞の使い方）

「〜した○○」「〜する○○」という表現には、関係代名詞を使います。

ごらんのように、関係代名詞は、その前に来る名詞（先行詞）の性・数によって形を使い分けます。

	男性	女性
単数	اَلَّذِي ーィズラッア	اَلَّتِي ーィテラッア
双数	（目的格・所有格）اَللَّذَيْنِ ニイザラッア ／（主格）اَللَّذَانِ ニーザラッア	（目的格・所有格）اَللَّتَيْنِ ニイタラッア ／（主格）اَللَّتَانِ ニータラッア
複数	اَلَّذِينَ ナーィズラッア	اَللَّائِي، اَللَّاتِي، اَللَّوَاتِي ーイーラッア　ーィテーラッア　ーィテーワラッア

メモ ただし、非限定形の名詞に関係節を付けるときには、関係代名詞を省略します。

هٰذِهِ كُتُبٌ قَرَأْتُهَا.
ーハゥトウラカ　ブゥトク　ヒィズーハ

これらは私が読んだ本です。（本が非限定の例）

هٰذِهِ ٱلْكُتُبُ ٱلَّتِي قَرَأْتُهَا مُفِيدَةٌ.
ダーィフム　ーハゥトウラカ　ーィテラッア　ブゥトク　ルヒィズーハ

私が読んだこれらの本は役に立ちます。（本が限定されている例）

CD-35

使える表現

1. ときどき／いつも（ دَائِمًا / أَحْيَانًا ）

ときどき雨が降ります。 → تُمْطِرُ أَحْيَانًا.

ンナーヤハア ルイテムット

田中さんはいつもエアコンをつけています。 → يَفْتَحُ ٱلسَّيِّدُ تَانَاكَا جِهَازَ ٱلتَّكْيِيفِ دَائِمًا.

ンマイーダ フーイクタ・ッザーハジ ーカーナータ ゥドイイサ・ッフタフヤ

2. ～らしい／ようです（ يَبْدُو... ）

本文で出てきた يَبْدُو أَنَّ... という構文のほか、 يَبْدُو という動詞に直接、名詞の主語をとらせることができます。

道路が混んでいるようです。 → يَبْدُو ٱلشَّارِعُ مُزْدَحِمًا.

ンマヒダズム ウリーャシ・ッゥドブヤ

日差しが強いようです。 → تَبْدُو ٱلشَّمْسُ قَوِيَّةً.

ヤーィウカ スムャシ・ッゥドブタ

3. ～だそうです（ عَرَفْتُ / سَمِعْتُ... ）

「(～から)聞いた（〔مِنْ ～〕 سَمِعَ）」を使って「～だそうです」という言い方ができます。また二つ目の文のように「知った（ عَرَفَ ）」を使っても、似たような表現ができます。

ムスタファさんによれば、ビデオは事務所にあるそうです。 → سَمِعْتُ مِنَ ٱلسَّيِّدِ مُصْطَفَى أَنَّ ٱلْفِيدِيُو

ーヨィデーィフ・ルナンア ーァフタスム ドイイサ・ッナミ ゥトゥミサ

مَوْجُودٌ فِي ٱلْمَكْتَبِ.

ブタクマ・ルィフ ドーュジウマ

テレビ番組によると、エアコンは健康に良くないんだって。 → عَرَفْتُ مِنْ بُرْنَامَجِ ٱلتِّلِيفِزْيُونِ أَنَّ جِهَازَ

ズーハジ ナンア ンーユズィフーリィテ・ッジマーナルブ ンミ ゥトフラア

ٱلتَّكْيِيفِ لَيْسَ جَيِّدًا لِلصِّحَّةِ.

ハッィスッリ ンダイイャジ サイラ フーイクタル

CD-36

★現地会話に馴染もう!!

أ＝أَحْمَدُ＝ア＝アフマド／د＝دَالْيَا＝ダ＝ダリヤ

お助け語句リスト

حَرَارَةٌ	暑さ	تَخَافُ	彼女がおそれる（< خَافَ）
مِسْكِينَةٌ	女かわいそうな	تُصْبِحُ	彼女が～になる（< أَصْبَحَ）
أَفْضَلُ	より良い	سَمْرَاءُ	女色黒の（< أَسْمَرُ）
شَمَالٌ	北	تَسْبَحُ	彼女が泳ぐ（< سَبَحَ）

أ -عَرَفْتُ مِنْ إِيسَامُو أَنَّ أُخْتَهُ قَدْ جَاءَتْ إِلَى مِصْرَ.
ルスミ ーライ トアーャジ ドカ フタフウ ナンア ームーサーイ ンミ トフラア
ア — 勇によると、お姉さんがエジプトに来たんだって。

د - صَحِيحٌ؟ أُخْتُهُ ٱلَّتِي تَدْرُسُ ٱللُّغَةَ ٱلْفَرَنْسِيَّةَ؟
ヤーィズンラァフ・ルタガル・ッスルドタ ーイテラッフトフウ ラーヒサ
ダ — ほんと？　あのフランス語を勉強しているお姉さん？

أ - نَعَمْ. وَلٰكِنَّهَا تَبْدُو تَعْبَانَةً مِنَ ٱلْحَرَارَةِ.
ラーラハ・ルナミ ナーバアタ ーゥドブタ ーハナンキーラワ ムアナ
ア — うん。でも暑さで参っているらしい。

د - مِسْكِينَةٌ ! ٱلْأَفْضَلُ أَنْ تَذْهَبَ إِلَى ٱلشَّمَالِ، حَيْثُ ٱلْجَوُّ جَمِيلٌ.
ルーミャジ ウウャジ・ルスイハ ルマーャシ・ッライ バハズタ ンア ルダフア ルア ナーキスミ
ダ — かわいそうに！　北の方へ行った方がいいわ、気候がいいから。

أ - سَمِعْتُ مِنْ إِيسَامُو أَنَّهَا لَا تُحِبُّ ٱلْبَحْرَ،
ルハバ・ルブッヒゥト ーラ ーハナンア ームーサーイ ンミ ゥトウミサ
لِأَنَّهَا تَخَافُ أَنْ تُصْبِحَ سَمْرَاءَ.
ーラムサ ハビスゥト ンア フーハタ ーハナンアリ
ア — 勇が言っていたけど、お姉さんは海が好きじゃないんだって、日焼けするのが心配だから。

د - لَيْسَ مِنَ ٱلضَّرُورِيِّ أَنْ تَسْبَحَ فِي ٱلْبَحْرِ.
ルハバ・ルィラ ハバスタ ンア ーリールダ・ッヂミ サイラ
ダ — 別に海で泳がなくたっていいじゃないの。

アラブ紙上体験 ⑩

▶一日に 2 回から春には 3 回、**羊の乳**（حَلِيبُ ٱلْغَنَمِ／ハリーブ ルガナム）を搾ります。雌の羊の首を交互に組み合わせて紐で固定し、素早く乳を搾ってゆきます。絞ったミルクはそのまま売って現金収入にしたり、革袋に入れて攪拌して生活に必要な乳製品を作ったりします。

▶コーヒーを煎る**ベドウィン**（بَدَوِيٌّ／バダウィー）。テントの中の地面を穿って作った地炉でコーヒーを煎ってから、臼のようなもので挽き、香り高いコーヒーを出してくれます。これは男の仕事で、意外なことにテントを張るのが女の仕事となっており、外国人であろうと女の仕事とされているものに手助けのためだろうと手を貸すことは認められていません。

▶**ベドウィンのパン**は中華鍋のような大きな鍋の凸状の部分を上にして小麦粉を練ったものを薄くして焼いたもので、صَاجٌ（サージ）と呼ばれます。焼きたてのサージは大変うまいものです。このパンと羊から絞ったミルクを攪拌して作ったヨーグルトが普段の食事です。羊が草をはみ、そのミルクから乳製品を作って必要なビタミンも摂取している彼等の食の文化には驚くべき智恵が認められます。

ベドウィン

私たちの風土には**沙漠**（اَلصَّحْرَاءُ／アッサフラーウ）がないため、その結果　**ベドウィン**（اَلْبَدْوُ／アルバドウ－単数 بَدَوِيٌّ／バダウィー）はいません。シリアにはシリア沙漠がありますが、彼らは**沙漠**のことを اَلْبَادِيَةُ（アル・バーディヤ）と呼んでいます。移動を常とする**遊牧の生活をすること**を اَلْبَدَاوَةُ（アル・バダーワ）と言いますが、これは自然から遮断せずに自らを自然に晒して生きることを意味します。

自然に自分を晒して生きるということはある意味で文明と逆の方向を辿ることです。文明は不快感をできるだけ減じようと常に努め、同時に便利さを追求しました。シリアのベドウィンの一族・**バニー・ハーリド族**（قَبِيلَةُ بَنِي ٱلْخَالِدِ／カビーラ　バニー　ハーリド）と暮らす機会がありましたが、彼らは自然に身を晒し自然と共に生きていました。自然と共に生きるということは厳寒、酷暑に耐えるということでもあります。忍耐の尺度が私たちのそれとは違うようです。ベドウィンの生活は衣食住にわたって**大変簡素で機能的**です。機能的であることが極めて重要なのです。彼らの住である**テント** خَيْمَةٌ（ハイマ）を見てもそれが如何に機能的であるかが分かり、感動しました。駱駝や山羊の毛を編んで造ったテントは雨が降ると編み目が締まり水漏れなどしません。晴れた夜にはテント越しに夜空の星が見え、テントが人間を自然から遮断していないことがわかります。衣に関しても機能性、簡素さは貫かれていて、男も女もそれぞれが定まったものを身につけ、流行のファッションなどというものはありません。食は**ヨーグルト**（لَبَنٌ／ラバン）と**パン**（صَاجٌ／サージ）です。これを一日三回繰り返し食べます。ご馳走は**羊を屠って、それをボイルして飯を山のように盛った上に乗せたもの**で一度食べたら忘れられなくなるほど美味なもので、**マンサフ**（مَنْسَفٌ）と呼ばれています。

移動を前提としていますから、必要最小限度のものしか持ちません。**一カ所に長く留まると病気になると考え**、常に移動する態勢にあります。何故移動するかというと羊のための草と水を求める故です。冬と春先に降雨があることが彼らには大変重要なのです。雨が充分に降らないと待ちに待った春になっても沙漠に草が生えてきません。そのような年を**マハル**（مَحْلٌ／マフル）の年と言いますが、ベドウィンには過酷な試練の年となります。しかしベドウィンはそんな時、**われらが主は寛大なり**（رَبُّنَا كَرِيمٌ／ラッブナー　カリーム）と言って、ますますアッラーへの信仰心を強固にして、耐えてゆきます。私たち定着民の生き方とは異なるもう一つの生き方である文化をベドウィンに見ることができます。

◎この課で身につけたことで、できること

・気候の表現

اَلْجَوُّ حَارٌّ فِي هٰذَا ٱلْوَقْتِ.　この時期は暑いです。

トクワ・ルザーハ　イフ　ルッーハ　ウウャジ・ルア

・伝聞の表現

سَمِعْتُ أَنَّ أَبِي قَدِ ٱشْتَرَى مِرْوَحَةً.　父は扇（風機）を買ったそうです。

ハワルミ　ーラタュシィデカ　ーピア　ナンア　トゥミサ

第 9 課と第 10 課を
ここでちょっとチェック！

I-1. 由美子のせりふを完成させてください。

١) جِئْتُ إِلَى مَطَارِ ٱلْقَاهِرَةِ وَرَكِبْتُ ٱلسَّيَّارَةَ (　) يَسُوقُهَا أَبِي.

ービア　ーハクースヤ　（　）　ラーヤイサットブキラワ　ラヒーカルリータマ　ーライ　トウジ

※سَاقَ > يَسُوقُ＝運転する

٢) كَانَتْ فِي ٱلْحَقِيبَةِ (　) أَحْضَرْتُهَا ٱلْأَطْعِمَةُ ٱلْيَابَانِيَّةُ (　) طَلَبَتْهَا أُمِّي مِنِّي.

ーニンミ　ーミンウーハトバラタ　（　）　ヤーニーバーヤ　ルマイトア　ルハトルダハア　（　）　バーキハ　ルィフ　トナーカ

※ أَحْضَرَ (يُحْضِرُ) ＝持参した、持ってきた

I-2. メイドのアーイシャさんのせりふを完成させてください。

١) ذَهَبْتُ إِلَى ٱلسُّوقِ (　) هُوَ أَبْعَدُ مِنَ ٱلسُّوبَرْمَارْكِتْ.

トキルーマルバースッナミ　ドアブア　ワフ　（　）　クースッライ　トブハザ

٢) وَجَدْتُ هُنَاكَ ٱلْخُضْرَوَاتِ وَٱلْفَوَاكِهَ (　) تُرِيدُهَا مَدَامُ تَانَاكَا.

ーカーナータ　ムーダマ　ーハドーリゥト　（　）　ハキーワァフルワ　トーワラドフ　ルカナーフ　トッャジワ

II. ファーティマになったつもりで、息子のアフマドにお小言を言いましょう。

例：لَا يَقُومُ أَحْمَدُ مِنَ ٱلسَّرِيرِ.　（アフマドはベッドから起きません。）

ルーリサ　ッナミ　ドマフア　ムークヤ　ーラ

← قُمْ مِنَ ٱلسَّرِيرِ، يَا أَحْمَدُ.　（ベッドから起きなさい、アフマド。）

ドマフア　ーヤ　ルーリサッ　ナミ　ムク

١) لَا يَلْبَسُ مَلَابِسَهُ.

フサビーラマ　スバルヤ　ーラ

※ لَبِسَ (يَلْبَسُ) ＝着る

٢) لَا يَأْكُلُ خُبْزًا وَلَا يَشْرَبُ شَايًا.

ンヤーャシ　ブラシュヤ　ーラワ　ンザブフ　ルクアヤ　ーラ

٣) لَا يَذْهَبُ إِلَى ٱلْمَدْرَسَةِ.

サラドマ　ルライ　ブハズヤ　ーラ

III. みんなの年齢や身長について、アラビア語で説明してみましょう。

1) ダリヤはアフマドより背が高いです。　※ طَوِيلٌ 背の高い
アフマドはダリヤより背が低いです。　※ قَصِيرٌ 背の低い

2) ムスタファさんは田中さんより年上です。
田中さんはムスタファさんより年下です。

[解答]

I-1.

1) اَلَّتِي　和訳：私はカイロ空港に来ました、そして私の父の運転する車に乗りました。
ーィテラッ(ア)

2) اَلَّتِي , اَلَّتِي　和訳：私が持ってきた鞄の中には、母が私に頼んだ日本の食物が入っていました。
ーィテラッ(ア)　ーィテラッ(ア)

I-2.

1) اَلَّذِي　和訳：私は、スーパーマーケットより遠くにある市場に行きました。
ーィズラッ(ア)

2) اَلَّتِي　和訳：そこで私は、田中夫人が欲しがっていた野菜や果物を見つけました。
ーィテラッ(ア)

II.

1)（彼は彼の服を着ません。）

اِلْبَسْ مَلاَبِسَكَ.（あなたの服を着なさい。）
カサビーラマ　スバルイ

2)（彼はパンを食べません。そして、お茶を飲みません。）

كُلْ خُبْزاً وَاشْرَبْ شَاياً.（パンを食べなさい、そしてお茶を飲みなさい。）
ンヤーャシ　ブラュシワ　ンザブフ　ルク

3)（彼は、学校に行きません。）

اِذْهَبْ إِلَى الْمَدْرَسَةِ.（学校に行きなさい。）
サラドマ　ルライ　ブハズイ

III.

1) دَالْيَا أَطْوَلُ مِنْ أَحْمَدَ.
ドマフア　ンミ　ルワトア　ーヤルーダ

أَحْمَدُ أَقْصَرُ مِنْ دَالْيَا.
ーヤルーダ　ンミ　ルサクア　ドマフア

2) اَلسَّيِّدُ مُصْطَفَى أَكْبَرُ مِنَ السَّيِّدِ تَانَاكَا.
ーカーナータ　ドイイサッナミ　ルバクア　ーァフタスム　ドイイサッア

اَلسَّيِّدُ تَانَاكَا أَصْغَرُ مِنَ السَّيِّدِ مُصْطَفَى.
ーァフタスム　ドイイサッナミ　ルガスア　ーカーナータ　ドイイサッア

CD-38

اَلدَّرْسُ ٱلْحَادِي عَشَرَ　وَإِذَا ذَهَبْتُمْ إِلَى هُنَاكَ بِٱلسَّيَّارَةِ كَانَتْ هٰذِهِ ٱلطَّرِيقَةُ أَفْضَلَ.

ルダフア　カーリタッヒィズーハ　トナーカ　ラーヤイサッビ　カーナフ　ーライ　ムゥトブハザ　ーザイ・ワ

仮定／手段・方法

ت= تاناكا / م= مُصْطَفَى

ت: أُفَكِّرُ أَنَّنِي سَآخُذُ أُسْرَتِي إِلَى ٱلْإِسْكَنْدَرِيَّةِ فِي

ーィフ　ヤーリダンカスイ　ルライ　ーィテラスウ　ズフーアサ　ーニナンア　ルキッァフウ

نِهَايَةِ هٰذَا ٱلْأُسْبُوعِ.

ウーブスウ　ルザーハ　ィテヤーハニ

مَا هِيَ أَحْسَنُ طَرِيقَةٍ؟ هَلْ نَذْهَبُ بِٱلْقِطَارِ؟

ルータキ・ルビ　ブハズナ　ルハ　カーリタ　ンサハア　ヤヒ　ーマ

م: مَا رَأْيُكَ أَنْ تَرْكَبَ ٱلْأُوتُوبِيسَ ٱلْمُكَيَّفَ ٱلْكَبِيرَ؟

ルービカ・ルァフヤイカム・ルサービーゥトーウ・ルバカルタ　ンア　カユアラ　ーマ

هُوَ سَرِيعٌ وَمُرِيحٌ. وَإِذَا ذَهَبْتُمْ إِلَى هُنَاكَ

カーナフ　ーライ　ムゥトブハザ　ーザイ・ワ　ハーリム・ワ　ウーリサ　ワフ

بِٱلسَّيَّارَةِ كَانَتْ هٰذِهِ ٱلطَّرِيقَةُ أَفْضَلَ.

ルダフア　カーリタッヒィズーハ　トナーカ　ラーヤイサッビ

ت: وَلٰكِنِّي أَخَافُ أَنْ تَقَعَ حَادِثَةٌ فِي ٱلطَّرِيقِ.

クーリタ・ッィフ　サィデーハ　アカタ　ンア　フーハア　ーニンキーラワ

م: لَا تَخَفْ. وَتَوَكَّلْ عَلَى ٱللّٰهِ.

ーラ・ッラア　ルカッワタ・ワ　フハタ　ーラ

إِذَا　もし～
طَرِيقَةٌ　方法
أُفَكِّرُ　私は考える（<فَكَّرَ）
اَلْإِسْكَنْدَرِيَّةُ　アレキサンドリア
نِهَايَةٌ　終わり
أَحْسَنُ　より良い、最も良い
قِطَارٌ　列車
رَأْيٌ　意見、考え
مُكَيَّفٌ　エアコン付きの
سَرِيعٌ　速い
مُرِيحٌ　快適な、心地よい
تَقَعَ　彼女が、それが起きる（接続形<وَقَعَ）
حَادِثَةٌ　事故
تَوَكَّلْ عَلَى ～　（命令形）～に委ねなさい（<تَوَكَّلَ）

第 11 課　もし皆さん、自動車で行くなら、そっちの方がよいですよ

第 11 課のあらすじ：週末に家族でアレキサンドリアに行こうと考えた田中さん。ムスタファさんに相談したところ、自動車で行くのがいちばんよいと言う。しかし、事故でも起こしたら・・・

田＝田中氏／ム＝ムスタファ氏

田：この週末に、家族をアレキサンドリアに連れて行こうと考えているんです。

どんな方法がいちばん良いでしょう？　列車で行きましょうか？

ム：エアコン付きの大型バスで行くのはどうですか？

速くて快適です。また、もし皆さん、自動車で行くなら、

そっちの方がよいですよ。

田：でもね、途中で事故でもあるんじゃないかと心配です。

ム：心配しないで。アッラーにお任せしなさい。

اَلْقِطَّةُ بُوسِي の「基本構文です。最低これだけは！」

何かを仮定して言う言い方。「もし～だったら」の部分は、完了形を使います。

إِذَا ذَهَبْتَ بِٱلْأُوتُوبِيسِ، فَسَتَكُونُ ٱلرِّحْلَةُ مُرِيحَةً.

ハーリム　ラハリ・ッヌークタサ・ァフ　スービーゥトーウ・ルビ　タブハザ　ーザイ

大型バスで行けば、旅は快適でしょう。

★こう答えるとこうなる！

“هَلْ نَذْهَبُ بِٱلْقِطَارِ؟” (3 行目) の場合

→ **飛行機で行けるか聞きたかった**ならこうなる

هَلْ نَذْهَبُ بِٱلطَّائِرَةِ؟　　飛行機で行きましょうか？

ライータ・ッビ　ブハズナ　ルハ

“وَلٰكِنِّي أَخَافُ أَنْ تَقَعَ حَادِثَةٌ فِي ٱلطَّرِيقِ.” (7 行目) の場合

→ **日本の自動車免許しか持っていない**ならこうなる

لَيْسَ عِنْدِي إِلَّا رُخْصَةٌ يَابَانِيَّةٌ وَمَا أَخَذْتُ رُخْصَةً دُوَلِيَّةً بَعْدُ.

ドアバ　ヤーリワゥド　サフル　ゥトズハア　ーマ・ワ　ヤーニーバーヤ　サフル　ーラッイ　ーィデンイ　サイラ

فَلَا أَسْتَطِيعُ أَنْ أَسُوقَ سَيَّارَةً.

ラーヤイサ　カースア　ンア　ウーィテタスア　ーラァフ

日本の免許しか持っていないんです、まだ国際免許を取っていないんですよ。だから、自動車の運転はできません。

→ **車道が日本と逆なのが不安だった**ならこうなる

اَلسَّيَّارَاتُ فِي مِصْرَ تَمْشِي عَلَى ٱلْيَمِينِ، أَمَّا فِي ٱلْيَابَانِ

ンーバーヤ・ルィフ　ーマンア　ンーミヤ・ルラア　ーシムタ　ルスミ　ーィフ　トーラーヤイサ・ッア

فَإِنَّهَا تَمْشِي عَلَى ٱلشَّمَالِ. لِذٰلِكَ أَخَافُ أَنْ أَسُوقَ فِي مِصْرَ.

ルスミ　ーィフ　カースア　ンア　フーハア　カリーザリ　ルーマシ・ッラア　ーシムタ　ーハナンイ・アフ

エジプトの自動車は右側を走りますが、日本について言えば、自動車は左側通行です。だからエジプトで運転するのは怖いのです。

“لَا تَخَفْ. وَتَوَكَّلْ عَلَى ٱللّٰهِ.” (8 行目) の場合

→ **田中さんと同じく、事故が怖い**ならこうなる

أَنَا مَعَكَ.　　あなたに同感です。(直訳：私はあなたと一緒だ)

カアマ　ーナア

このページの語句

طَائِرَةٌ	飛行機
رُخْصَةٌ	免許証
دُوَلِيٌّ	国際の、国際的な
مَشَى (يَمْشِي)	通る、歩く
يَمِينٌ	右
أَمَّا...فَ	(前述のものと対比させて) 他方…について言えば
شَمَالٌ	左
لِذٰلِكَ	だから

その他関連語句

تَاكْسِي (ーィスクータ)	タクシー
دَرَّاجَةٌ (ャジーラッダ)	自転車
مُوتُوسِكْلُ (ルクィスーゥトーム)	オートバイ
حِصَانٌ (ンーサヒ)	馬
جَمَلٌ (ルマャジ)	らくだ
حِمَارٌ (ルーマヒ)	ロバ
جَرَى (يَجْرِي) (ーラャジ　ーリュジヤ)	走った

この課で身につく文法

1. もし～だったら（仮定）

1 **本文にでてきた إِذَا（イザー）は条件の文を導きます。ただ、仮定というより「～したとき」くらいの意味に使われることが多く、そのような場合、結びは فَ（ファ）＋《未来形》が一般的です。**

إِذَا ذَهَبْتُ إِلَى ٱلْإِسْكَنْدَرِيَّةِ فَسَأَزُورُ ٱلْمَتْحَفَ وَٱلْقَلْعَةَ.

アルカ・ルワ フハトマ・ルルーズアサ・ァフ ヤーリダンカスイ・ルライ ゥトブハザ ーザイ

アレキサンドリアに行ったら、私は博物館と城塞を訪ねよう。

※ اَلْقَلْعَةُ 城塞

2 **実現可能な仮定を表すには、～إِنْ（イン）という言い方もあります。إِنْ شَاءَ ٱللهُ（イン・シャーアッラー／もしアッラーがお望みになるならば）の إِنْ です。条件や結びの文の動詞は、完了形、あるいは短形も使えます。**

إِنْ أَذْهَبْ إِلَى ٱلْإِسْكَنْدَرِيَّةِ أَزُرِ ٱلْمَتْحَفَ وَٱلْقَلْعَةَ.

アルカ・ルワ フハトマ・ルリズア ヤーリダンカスイ・ルライ ブハズア ンイ

もしアレキサンドリアに行ったら、博物館と城塞を訪ねよう。

3 **実現の可能性の低い仮定や、実際に起きたことと異なる仮定を表すには、～لَوْ（ラウ）を用います。この場合、条件の部分は كَانَ（カーナ）＋《完了形》が使われ、結びは لَ（ラ）＋《完了形》です。**

لَوْ كُنْتُ سَبَحْتُ فِي ٱلْبَحْرِ لَأَصْبَحْتُ سَمْرَاءَ.

ーラムサ ゥトハバスア・ラ ルハバ・ルィフ ゥトハバサ ゥトンク ウラ

もし私が海で泳いでいたとしたら、私は（日焼けで）黒くなっていたでしょう。

لَوْ كَانَتْ عِنْدِي رُخْصَةٌ دُوَلِيَّةٌ لَسُقْتُ سَيَّارَةً فِي مِصْرَ.

ルスミ ーィフ ラーヤイサ ゥトクス・ラ ヤーリワゥド サフル ーィデンイ トナーカ ウラ

もし私が国際免許を持っていたら、エジプトで自動車の運転をするのだけれど。

4 **مَنْ（マン／誰）を、条件の文を導くのに使って、仮定の文を作ることもできます。**

مَنْ يَذْهَبْ إِلَى ٱلْإِسْكَنْدَرِيَّةِ فَإِنَّهُ يَأْكُلُ ٱلسَّمَكَ.

クマサ・ッルクアヤ フナンイ・ァフ ヤーリダンカスイ・ルライ ブハズヤ ンマ

مَنْ ذَهَبَ إِلَى ٱلْإِسْكَنْدَرِيَّةِ يَأْكُلِ ٱلسَّمَكَ.

クマサ・ッリクアヤ ヤーリダンカスイ・ルライ バハザ ンマ

アレキサンドリアに行った人は、魚を食べます。
＝アレキサンドリアに行ったら、誰でも魚を食べます。

CD-39

使える表現

1. ～で（بِ - 手段・方法）

前置詞 بِ（ビ）を使って、手段や方法を表します。

私はペンで書きます。 → أَكْتُبُ بِٱلْقَلَمِ.
ムラカ・ルビ ブゥトクア

私は箸で魚を食べました。 → أَكَلْتُ سَمَكَةً بِٱلْعَصَوَيْنِ.
ニイワサア・ルビ カマサ ゥトルカア

私はボールで遊びました。 → لَعِبْتُ بِٱلْكُرَةِ.
ラク・ルビ ゥトブイラ

私は代金をドルで払いました。 → دَفَعْتُ ٱلثَّمَنَ بِٱلدُّولَارِ.
ルーラーゥド・ッビ ンマサ・ッゥトゥァフダ

※ قَلَمٌ ペン／سَمَكَةٌ（複 أَسْمَاكٌ；［集合名詞］سَمَكٌ）魚／عَصًا（複 عُصِيٌّ）箸、棒／كُرَةٌ 球、ボール／دَفَعَ 払う／ثَمَنٌ 代金、値段

2. ～はどうですか？（مَا رَأْيُكَ ～؟）

مَا رَأْيُكَ ～؟（マー ラアユカ／あなたの意見は何ですか？）という表現は「～はどうですか？」「いかがですか？」と尋ねる言い方です。

これはいかがですか？ → مَا رَأْيُكَ فِي هٰذَا؟
ーザーハ ーイフ カユアラ ーマ

一緒に夕食を食べませんか？ → مَا رَأْيُكَ أَنْ نَتَعَشَّى مَعًا؟
ンアマ ーヤシッアタナ ンア カユアラ ーマ

3. こわい＆心配だ（خَافَ）

恐れるという意味の動詞 خَافَ（ハーファ）は、後に来る前置詞によって、意味が変わります。

私はあれがこわいです。 → أَخَافُ مِنْ ذٰلِكَ.
カリーザ ンミ フーハア

私は娘のことが心配です。 → أَخَافُ عَلَى ٱبْنَتِي.
ーイテナブ ラア フーハア

CD-40

★現地会話に馴染もう!!

ك = كِيمِيكُو = 君 = 君子／ع = عَائِشَةُ = ア = アーイシャ

お助け語句リスト

تَرَكَ (يَتْرُكُ)	放っておいた	وَضَعَ (يَضَعُ)	置いた
زُبَالَةٌ	ゴミ	ثَلَّاجَةٌ	冷蔵庫
حَشَرَةٌ	虫	هٰكَذَا	このように
رَمَى (يَرْمِي)	投げた、捨てた	بَيْضٌ	卵
حَالاً	すぐに	طَلَبَ (يَطْلُبُ) مِنْ ～ …	～に…を頼んだ、求めた
لَبَنٌ	牛乳	مُهَنْدِسٌ	技師、エンジニア
		فَحَصَ (يَفْحَصُ)	検査した

ك - إِذَا تَرَكْتَ ٱلزُّبَالَةَ فِي ٱلْمَطْبَخِ فَسَتَجِيءُ إِلَيْهَا
ハイライ ウージタサ・ァフ フバトマ・ルイフ ラーバズ・ッイテクラタ ーザイ
ٱلْحَشَرَاتُ. لَا تَتْرُكِيهَا بَلِ ٱرْمِيهَا حَالاً.
ンラーハ ーハーミル・リバ ーハーキルトタ ーラ トーラャシハ・ル

君 — お台所にごみを置いておいたら、虫が来てしまうわ。放っておかないで、すぐに捨ててね。

ع - حَاضِرٌ.
ルィデーハ

ア — かしこまりました。

ك - هٰذَا ٱللَّبَنُ غَيْرُ جَيِّدٍ. إِذَا وَجَدْتِ شَيْئاً غَيْرَ
ルイガ シアイャシ ィデッャジワ ーザイ ドイイャジ ルイガ ンバラッザーハ
جَيِّدٍ فَلَا تَضَعِيهِ فِي ٱلثَّلَّاجَةِ بَلِ ٱرْمِيهِ!
ヒーミル・リバ ャジーラッサ・ッィフ ヒーイダタ ーラ・ァフ ドイイャジ

君 — この牛乳はよくないわね。もしいたんだものを見つけたら、冷蔵庫に入れないで、捨ててね！

ع - هٰذَا ٱلْبَيْضُ أَيْضاً؟
ンダイア ドイバ・ルザーハ

ア — この卵もですか？

ك - يَبْدُو أَنَّ هٰذِهِ ٱلثَّلَّاجَةَ لَا تَشْتَغِلُ جَيِّداً.
ンダイイャジ ルギタュシャ ーラャジーラッサ ヒジーハ ナンア ウドブヤ
سَأَطْلُبُ مِنَ ٱلْمُهَنْدِسِ أَنْ يَفْحَصَهَا.
ーハサハフヤ ンア スイデンハム・ルチミ ブルトアサ

君 — この冷蔵庫は調子がよくないようね。エンジニアさんに、冷蔵庫を見てくれるよう頼みましょう。

アラブ紙上体験 ⑪

▶カイロの映画館。エジプトはアラブ世界一の映画生産国です。カイロには 20 余りの映画館があり、エジプト人は映画が好きです。写真はカイロの繁華街にある、メトロという名の映画館で、上演されているのは人気喜劇役者、عَادِلُ إِمَامُ（アーディル・イマーム）主演の「ハロー！アメリカ」です。

▶**ウンム・クルスーム**（أُمُّ كُلْثُوم）の像はエジプトのみならず、アラブ世界に雷名を轟かせている歌手のものです。故人となって久しいのですが、死後も彼女の名は彼女の歌と共に不滅で、アラブの町に今尚彼女の歌声は響きわたっています。まさにエジプトが産んだ前世紀最大の歌手です。

▶カイロの**オペラ座**（مَسْرَحُ ٱلْأُوبِرَا／ マスラフ　アル・オーベラー）はヴェルディの「アイーダ」を初演したことで有名ですが、1971 年に火災で焼失しました。その再建が久しく待ち望まれていましたが、近年ついに日本政府の援助で、ナイルの中之島に長年の夢の実現となりました。

エジプトの音楽・演劇・映画

アラブの三大楽器は**笛**（نَايٌ／ナーイ）と**弦楽器**（عُودٌ／ウード）と**琴**（قَانُونٌ／カーヌーン）と言えるでしょう。どれもアラブの風土の様々な側面にマッチした素晴らしい楽器です。نَايٌ は荒涼たる沙漠に寂寥感を持って響きわたり、日本の琵琶に似た عُودٌ はアラブの琴線を揺さぶり、大正琴に似た قَانُونٌ はその華麗な音で聞く者を魅了せずにはおきません。

有名な歌手たちも数多く輩出しましたが、エジプトでは近代大衆音楽の草分け的存在の**サイイド・ダルウェイシュ**（سَيِّدُ دَرْوِيش）が登場した後、東方の星と言われ死後も現在に至るまでエジプトのみならず、アラブ世界において圧倒的人気を持つ**ウンム・クルスーム**（أُمُّ كُلْثُوم）がいます。彼女とほぼ同世代の男性歌手には、**ムハンマド・アブドル・ワッハーブ**（مُحَمَّدُ عَبْدُ ٱلْوَهَّابُ）や**アブドル・ハリーム・ハーフィズ**（عَبْدُ ٱلْحَلِيمُ حَافِظُ）がいて、街を歩くと彼等の歌声が何処からともなく聞こえてきます。أُمُّ كُلْثُوم と並ぶ大歌手がレバノンに生まれ、今尚健在です。その名は周知の**ファイローズ**（فَيْرُوزُ）ですが、彼女も国民歌手的存在です。地中海の岸辺で海を眺めながら聞く فَيْرُوزُ の歌声は格別です。

エジプトの演劇は 19 世紀の後半に確立され、早くから喜劇が上演され、特に風刺の利いた喜劇が庶民の間に人気を博しました。現在もエジプトではこの流れが受け継がれ、風刺喜劇が演劇の主流となっており、**ナジーブ・リーハーニイ**（نَجِيبُ رِيحَانِي）などの喜劇役者が出て、隆盛を極めました。カイロの街中の劇場などに入り、風刺喜劇などを見ますと観客と上演者が一つとなって劇場一面に熱気が漂い、圧倒されてしまいます。

エジプトはアラブ世界における映画製作のメッカと言っても過言ではないでしょう。他のアラブ社会の人々もエジプトの映画をよく見ており、このような事情でエジプトの方言がアラブ世界で支配的になる一因をなしています。カイロには映画館が 20 以上もあり、活況を呈していますが、庶民の生き方や悩みを描いたリアリズム映画の名作を世に問うている監督が数多くいますが、とりわけ欧米でも評価の高い国際派の監督としては、**ユースフ・シャヒーン**（يُوسُفُ شَاهِين）がいて、多くの名作を送り出しています。エジプトには検閲制度があり、自由に映画を作れないという障害もありますが、これらの監督たちによって質のよい映画も着実に作られています。

◎この課で身につけたことで、できること

・方法・手段の言い方

سَنَذْهَبُ إِلَى هُنَاكَ بِٱلسَّيَّارَةِ.　私たちはそこへ自動車で行きます。

ラーヤイサ・ッビ　カーナフ　ーライ　ブハズナサ

・仮定の話

إِذَا وَصَلْنَا فَسَنَتَّصِلُ بِكَ.　到着したら、私たちはあなたに連絡します。

カビ　ルィスタッナサ・ァフ　ーナルサワ　ーザイ

CD-41

اَلدَّرْسُ ٱلثَّانِيَ عَشَرَ

كُنْتُ أَبْحَثُ عَنْ هٰذَا ٱلنَّوْعِ.

ウウナ・ンザーハ　ンア　スハブア　ゥトンク

状態／拒絶

ر= اَلرَّجُلُ / إ= إِيسَامُو / ي= يُومِيكُو

ر: تَفَضَّلَا، هٰذِهِ ٱلْفَنِلَّةُ رَخِيصَةٌ!

サーヒラ　ラッニァフ・ルヒイズーハ　ーラダッァフタ

إ: لَا شُكْرًا. لَسْتُ مُحْتَاجًا.

ンャジータフム　ゥトスラ　　ンラクュシ　ーラ

ي: مَا أَجْمَلَ هٰذِهِ ٱلزُّجَاجَاتِ!

トーャジーャジズ・ッヒイズーハ　ラマュジア　ーマ

ر: تَفَضَّلِي يَا آنِسَةُ. هٰذِهِ زُجَاجَاتُ عِطْرٍ.

ルトイ　トーャジーャジズ　ヒイズーハ　サニーア　ーヤ　ーリダッァフタ

ي: مُمْكِنٌ أَنْ أُشَاهِدَهَا؟ كُنْتُ أَبْحَثُ عَنْ هٰذَا ٱلنَّوْعِ.

ウウナ・ンザーハ　ンア　スハブア　ゥトンク　　ーハダヒーャシウ　ンア　ンキムム

ر: هَلْ تَشْرَبِينَ شَايًا؟ كَمْ مِلْعَقَةً مِنَ ٱلسُّكَّرِ تُرِيدِينَ؟

ナーィデーリゥト　ルカッス・ッナミ　　カアルミ　ムカ　ンヤーャシ　ナービラュシタ　ルハ

ي: وَاحِدَةٌ. آه تَكْفِي! شُكْرًا.

ンラクュシ　ーィフクタ　ーア　　ダヒーワ

عَلَى فِكْرَةٍ، بِكَمْ جُنَيْهٍ هٰذِهِ ٱلزُّجَاجَةُ؟

ャジーャジズ・ッヒイズーハ　フイナュジ　ムカビ　ラクィフ　ーラア

بَحَثَ (يَبْحَثُ) عَنْ ～　彼女が～を探した
فَنِلَّةٌ　Tシャツ
لَا شُكْرًا　けっこうです
مُحْتَاجٌ (إِلَي ～)　（～を）必要とする
مَا أَجْمَلَ!　何て美しい！
عِطْرٌ　香水
سُكَّرٌ　砂糖
تَكْفِي　（彼女が、それが）十分である（< كَفَى）

第 12 課 こんなのを探していたのよ

第 12 課のあらすじ：町へお土産探しに出かけた由美子と勇。店の主が客にお茶をすすめるのはよくある光景です。

男＝男／勇＝勇／由＝由美子

男：どうぞ、このTシャツは安いよ！

勇：けっこうです。いりません。

由：何てきれいな瓶でしょう！

男：どうぞ、お嬢さん。これらは香水の瓶なんですよ。

由：見てもよいですか？　こんなのを探していたのよ。

男：お茶を飲みますか？　お砂糖はいくつ？

由：ひとつ。あー、十分です！　ありがとう。

ところで、この瓶は何ポンドですか？

اَلْقِطَّةُ بُوسِي の「基本構文です。最低これだけは！」

「いりません」「もうたくさん」と断る言い方。ここに挙げたのはどちらも男性形ですが、状況に応じていろいろな形にしてみて下さい。

لَسْتُ مُحْتَاجًا إِلَى ذٰلِكَ. カリーザ ーライ ャジータフム ゥトスラ	私にはそれがいりません。
هٰذَا يَكْفِي. ーィフクヤ ーザーハ	これで十分です。

★こう答えるとこうなる！

“لاَ شُكْرًا. لَسْتُ مُحْتَاجًا.” (2行目）の場合

→ **実はTシャツを探していた**ならこうなる

كُنْتُ أُرِيدُ فَنِلَّةً بِحُرُوف هِيرُوغْلِيفِيَّة.
ヤーィフーリグールーヒ フールフビ ラッニァフ ドーリウ ゥトンク

象形文字の入ったTシャツが欲しかったんです。

→ **値段をまけさせようと思う**ならこうなる

بِكَمْ هِيَ؟ هٰذَا ٱلثَّمَنُ غَالٍ جِداً. هَلْ تُخَفِّضُ ٱلثَّمَنَ؟
ンマサ・ッドィフッハウト ルハ ンダッジ ンリーガ ンマサ・ッザーハ ヤヒ ムカビ

それ、いくらですか？ この値段はとても高いですね。値下げしてくれますか？

“مُمْكِنُ أَنْ أُشَاهِدَهَا؟ كُنْتُ أَبْحَثُ عَنْ هٰذَا ٱلنَّوْعِ.” (5行目）の場合

→ **香水には興味がないと断る**ならこうなる

لاَ أَهْتَمُّ بِٱلْعِطْرِ. شُكْرًا.
ンラクュシ ルトイ・ルビ ムンタハア ーラ

私は香水に興味がありません。ありがとう。

“وَاحِدَةٌ.” (7行目）の場合

→ **お砂糖を入れないで欲しい**ならこうなる

بِدُونِ سُكَّر، لَوْ سَمَحْتَ.
タフマサ ウラ ルカッス ニーゥドビ

お砂糖抜きでお願いします。

このページの語句	その他関連語句
حَرْفٌ （複 حُرُوفٌ）文字	كَلِمَةٌ 単語 マリカ
هِيرُوغْلِيفِيّ ヒエログリフの、エジプト象形文字の	مَعْنًى 意味 ンナアマ
غَالٍ 値が高い	قَامُوسٌ 辞書 スームーカ
خَفَّضَ (يُخَفِّضُ) 安くした、値引きした	بَقْشِيشٌ チップ ユシーシクバ
اِهْتَمَّ (يَهْتَمُّ) بِ～ ～に興味があった、関心があった	أُجْرَةٌ 料金（運賃や代金） ラュジウ
بِدُونِ ～なしで、抜きで	رَسْمٌ （公共機関の）料金 ムスラ

この課で身につく文法

1. ～している／～していた（状態の表し方）

1 「～している」という現在の状態を表す方法としては、まず動詞の未完了形を使うやり方があります。

يَجْرِي الْمَرْكَبُ ٱلْكَبِيرُ عَلَى ٱلنِّيلِ.　大きな船がナイルの上を走っています。
ルーニ・ンラア　ルービカ・ルブカルマ・ルリュジヤ

يَزْدَحِمُ ٱلشَّارِعُ.　通りが混んでいます。
ウリーャシ・ッムヒダズヤ

文脈によっては、これは「大きな船が（いつも）ナイルの上を走ります」とか「通りが（いつも）混みます」という、一般的な意味にもなります。「今～している」という意味をよりはっきり表すには、これまでにもその例が幾例かありましたが、形容詞（能動分詞）を使うとよいでしょう。

اَلْمَرْكَبُ ٱلْكَبِيرُ جَارٍ عَلَى ٱلنِّيلِ.　大きな船がナイルの上を走っています。
ルーニ・ンラア　ンリーャジ　ルービカ・ルブカルマ・ルア

اَلشَّارِعُ مُزْدَحِمٌ.　通りが混んでいます。
ムヒダズム　ウリーャシ・ッア

سَامِعٌ؟　（電話が遠いときなど）聞こえていますか？
ウミーサ

2 「～していた」という過去の状態を表すには、前に動詞の كَانَ（カーナ／～でした）を添えます。

كُنَّا نَمْشِي فِي ٱلْقَاهِرَةِ ٱلإِسْلَامِيَّةِ.　私たちはカイロのイスラム地区を歩いていました。
ヤーミーラースイ・ルラヒーカ・ルィフ　ーシムナ　ーナンク

كُنْتُ مُحْتَاجَةً إِلَى ٱلْخَرِيطَةِ.　私（女性）は地図が必要だったわ。
ターリハ・ルライ　ヤジータフム　ゥトンク

メモ 動詞から派生した形容詞形は「～している」の意味のほか、「～している人」という名詞としても使われます。例えば、كَاتِبٌ〔カーティブ〕（<كَتَبَ〔カタバ〕：書いた）は「書いている人」で「作家」、مُدَرِّس〔ムダリッス〕（<دَرَّسَ〔ダッラサ〕：教えた）は「教えている人」で「先生、講師」の意味になります。

CD-42

使える表現

1. 何て～なのでしょう！（！～ مَا）

9 課に出てきた「～より…だ」の形（a□□a□u のパターン）の前に مَا（マー）を付けて「何て～！」という感嘆の表現を作ることができます。

何てきれいなんでしょう！ → مَا أَجْمَلَ!

ラマュジア　ーマ

（جَمِيلٌ〔ジャミール／美しい〕＞ أَجْمَلَ）

この瓶は何て高いのでしょう！ → مَا أَغْلَى هٰذِهِ ٱلزُّجَاجَةَ!

ャジーャジズ・ッヒィズーハ　ーラグア　ーマ

（غَالٍ〔ガーリン／高価な〕＞ أَغْلَى）

何ておいしいお茶でしょう！ → مَا أَلَذَّ ٱلشَّايَ!

イーャシ・ッザッラア　ーマ

（لَذِيذٌ〔ラズィーズ／おいしい〕＞ أَلَذَّ）

メモ「～より…だ」の形容詞、および感嘆の対象（この場合だと、瓶やお茶）の語尾は「ア」で終わっている点に注意しましょう。

2. いいえ、けっこうです（لَا شُكْرًا）

「けっこうです」と断る時には لَا شُكْرًا（ラー　シュクラン）と言いますが、شُكْرًا（シュクラン／ありがとう）だけでも、文脈によっては、断りの表現になります。

例えば、

コーヒーをお飲みになりますか？ → هَلْ تَشْرَبُ قَهْوَةً؟

ワフカ　ブラュシタ　ルハ

に対する答えとして、

けっこうです。 → شُكْرًا.

ンラクュシ

もし、飲みたいのなら、

はい、お願いします。 → نَعَمْ، مِنْ فَضْلِكَ.

カリドァフ　ンミ　ムアナ

のように言えば、こちらの気持ちがはっきり伝わります。

CD-43

★現地会話に馴染もう!!

تَانَاكَا＝ت＝田＝田中さん／سَائِقُ ٱلتَّاكْسِي＝س＝運＝タクシー運転手

お助け語句リスト

مَحَطَّةٌ	駅
يَا سَلَامْ!	何だって！、何てことだ！
اِنْتَظِرْ	待ちなさい（< اِنْتَظَرَ 待った）
بِيه	（男性に対する呼称）だんな！
مَاشٍ	わかった、OKです（→ مَشَى〔歩く、行く〕の能動分詞形）
أُسْطَى	（運転手などに対する呼称）
جِهَةٌ	方角、方向
فَرْقٌ	相違

ت - مَحَطَّةُ «رَمْسِيس» مِنْ فَضْلِكَ.
（マハッタトゥ　ラムスィース　ミン　ファドリカ）
田 ― ラムセス駅までお願いします。

س - عَشَرَةُ جُنَيْهَاتٍ.
（アシャラトゥ　ジュナイハート）
運 ― 10 ポンドいただきます。

ت - يَا سَلَامْ! هٰذَا كَثِيرٌ. شُكْرًا.
（ヤー　サラーム　ハーザー　カスィール　シュクラン）
田 ― 何だって！　それは多すぎるな。やめとこう。

س - اِنْتَظِرْ، يَا بِيه. كَمْ تُرِيدُ أَنْ تَدْفَعَ؟
（インタズィル　ヤー　ベー　カム　トゥリードゥ　アン　タドファア）
運 ― 待てよ、だんな。いくらなら払うね？

ت - سَأَدْفَعُ ثَلَاثَةَ جُنَيْهَاتٍ.
（サアドファウ　サラーサタ　ジュナイハート）
田 ― 3 ポンド払おう。

س - مَاشٍ. تَفَضَّلْ.
（マーシン　タファッダル）
運 ― まあいいか。どうぞ。

ت - يَا أُسْطَى! لِمَاذَا أَنْتَ مَاشٍ إِلَى هٰذِهِ ٱلْجِهَةِ؟
（ヤー　ウスター　リマーザー　アンタ　マーシン　イラー　ハーズィヒル　ジハ）
田 ― おい、運転手さんよ！　どうしてこっちの方向に行くんだ？

س - لَيْسَ هُنَاكَ فَرْقٌ!
（ライサ　フナーカ　ファルク）
運 ― 同じことですよ！

アラブ紙上体験 ⑫

▶エジプト産の**ワイン**（نَبِيذٌ／ナビード）で銘柄はオベリスクとあります。イスラム教では酒はハラームとして禁忌とされていますが、植民地時代の置きみやげの一つとして酒はエジプトやマグレブ諸国に残っています。特にモロッコ、チュニジア、レバノンには良いワインがあります。

▶**ビール**（بِيرَةٌ／ビーラ）は何と言ってもエジプトでしょう。エジプトのステラは缶入りや輸出用もあり、政府も力を入れています。エジプトのビールが旨いのは、あの乾燥した空気に負うところが大いにあるように思われます。カイロの町をひとしきり歩いたあとのステラの味は格別。

▶エジプトの代表的なタバコ、**クレオパトラ**（كِلُيُوبَاتْرَا／クルオパトラ）、3種類が並んでいます。アラブ人はタバコが好きで、健康のために吸いすぎに注意などという警告はアラブ圏ではほとんど意味を持ちません。互いにタバコを勧める習わしも人間関係の潤滑油的役割を果たしているのです。

アラブ世界の酒はハラームか？

周知の通り酒はイスラームにおいては、اَلْحَرَامُ（ハラーム／**禁忌・タブー**）として禁じられています。然し教義と現実の間には時にして大きな差異が生まれるものですが、酒はその一例で、ハラームの現実的な帰結の姿をみることができます。確かにサウジ・アラビアやリビアやスーダンのように酒をハラームとして厳しく排除している国があり、これらの国ではその国の慣習を尊重して、それに従う必要があります。しかし酒はイスラームの観点からはハラームであるとしながらも、もう一つの尺度を適応させて、酒を国産品として堂々と作っている国も少なくありません。たとえばエジプトにはステラという美味しいビールがあり、赤ワインにはオマル・ハイヤーム、白ワインにはネフェルティティー等があります。レバノンやシリアにはギリシャやトルコなど地中海周辺に共通に見られる種類の美酒があり、アラビア語では**アラク**（اَلْعَرَقُ）と呼ばれています。この酒は透明ですが水と氷を入れて白濁させて飲み、アラクを頼むと必ず出されるつまみも野菜や海の幸など多種多様で楽しめます。地中海を見ながら飲む酒はアラクに限り、レバノンの国民的歌手、フェイローズの美声がそれに加わればこの世界は完結します。

マグレブに目を転じると、チュニジア、アルジェリア、モロッコの国々にはすばらしい国産のワインがあります。

このように**酒は教義上はハラームですが、国によりその実状は大きく異なっているというのが現状**です。私はかってナイル・デルタの農村に住んだことがありますが、そこではもしお酒を飲んだりするなら、完全に市民権を奪われ、人間失格とされてしまうような厳しい状況がありました。郷に入っては郷に従えですが、特に**お酒に関しては充分注意が必要**です。

酒はイスラームの教義上はハラームなのですが、その反対の**許容される方**は、حَلاَلٌ（ハラール）と言います。敬虔な**イスラーム教徒**（مُسْلِمٌ／ムスリム）にとってはハラールとハラームをはっきり峻別して、ハラームを排除し、ハラールのみを実践して行くことが肝心です。酒のみに限らず、**ハラームとハラールを先ずイスラームの教義に従って認識**し、その後でそれぞれの国における適応の現実をみることが必要になるでしょう。

◎この課で身につけたことで、できること

・状態を表現する

كُنْتُ أُرِيدُ أَنْ أَشْتَرِيَ عِطْرًا.
ウトンク　ドーリウ　ンア　ヤリタュシア　ンラトイ

私は香水が買いたかったのです。

・お断りする

لاَ أَحْتَاجُ إِلَى عِطْرٍ.
ーラ　ュジータハア　ーライ　ルトイ

私は香水はいりません。

CD-44

第 11 課と第 12 課を
ここでちょっとチェック！

I. フランス語を勉強中の由美子の話を、1 ～ 4 の「もし～なら」と、その結びになるA～Dを適切に組み合わせて完成し、日本語に訳してください。

1 إِذَا ذَهَبْتُ إِلَى ٱلْمَكْتَبَةِ

バタクマ・ルライ　ゥトブハザ　ーザイ

2 إِذَا قَرَأْتُ كِتَابًا فَرَنْسِيًّا

ンヤーィスンラァフ　ンバータキ　ゥトアルカ　ーザイ

3 إِذَا كَانَتْ هُنَاكَ كَلِمَةٌ صَعْبَةٌ

バアサ　マリカ　カーナフ　トナーカ　ーザイ

4 إِذَا فَهِمْتُ مَعْنَى ٱلْكَلِمَةِ ٱلْجَدِيدَةِ

ダーィデャジ・ルィテマリカ・ルナアマ　ゥトムヒァフ　ーザイ

A فَسَأَبْحَثُ عَنْهَا فِي ٱلْقَامُوسِ.

スームーカ・ルィフ　ーハンア　スハブアサァフ

B فَسَأَكْتُبُ تِلْكَ ٱلْكَلِمَةَ وَمَعْنَاهَا فِي ٱلدَّفْتَرِ.

リタフダ　ッィフ　ーハーナアマ・ワ　マリカ・ルカルィテ　ブゥトクアサァフ

C فَسَأَجِدُ كَلِمَاتٍ لَا أَعْرِفُهَا.

ーハフリアア　ーラ　トーマリカ　ドジアサァフ

D فَسَأَشْتَرِي قَامُوسًا جَيِّدًا.

ンダイイャジ　ンサームーカ　ーリタュシアサァフ

※ مَكْتَبَةٌ　本屋、図書館 ／ كِتَابٌ　本 ／ دُفْتَرٌ　ノート ／ صَعْبٌ　難しい

II. カッコ内に適切な語を補って、ムスタファさんの話を完成させてください。

1) قَالَ ٱلسَّيِّدُ تَانَاكَا إِنَّهُ لَيْسَتْ عِنْدَهُ (　) (　).

(　)　(　) フダンイ　トサイラ　フナンイ　ーカーナータ　ドイイサ・ッラーカ

田中さんは、国際免許を持っていないと言いました。

2) إِذَا (　) (　) عِنْدَهُ إِلَّا رُخْصَةٌ يَابَانِيَّةٌ فَلَيْسَ مِنَ (　) أَنْ يَسُوقَ فِي مِصْرَ.

ルスミ　ーィフ　カースヤ　ンア　(　)　ナミ　サイラァフ　ヤーニーバーヤ　サフル　ーラッイ フダンイ　(　)　(　)　ーザイ

もし彼が日本の免許証しか持っていないならば、エジプトで運転することはできません。

3) فَهُوَ يَحْتَاجُ (　) رُخْصَةٍ دُوَلِيَّةٍ (　) مِصْرِيَّةٍ.

ヤーリスミ　(　)　ヤーリワゥド　サフル　(　) ュジュータフヤ　ワファフ

だから、彼は国際かあるいはエジプトの免許証が必要なのです。

4) فَـ(　) : هَلْ مِنَ ٱلْأَحْسَنِ أَنْ تَأْخُذَ رُخْصَةً مِصْرِيَّةً مِنْ هُنَا؟

ーナフ　ンミ　ヤーリスミ　サフル　ズフアタ　ンア　ンサハア・ルナミ　ルハ　(　) ァフ

そこで私は彼に尋ねました。「ここでエジプトの免許を取った方がよいのではないの？」

※ سَأَلَ　～に尋ねた、質問した

5) أَجَابَنِي قَائِلاً : هٰذِهِ (　) (　).

(　)　(　) ヒィズーハ ンライーカ ーニバーャジア

彼は私に（次のように）言って答えました。「それはよい考えです」

※ أَجَابَ　答えた ／ فِكْرَة　考え

6) قُلْتُ لَهُ إِنَّ (　) (　) جِدًّا هُنَا.

ーナフ ンダッジ （ ）　（ ） ナンイ フラ ゥトルク

私は彼に、ここでは試験はとても簡単だと言いました。

※ سَهْلٌ　簡単な

7) فَأَصْبَحْتُ مُدَرِّساً لَهُ وَمَشَيْنَا (　) ٱلْمَكْتَبِ بِسَيَّارَةِ ٱلْمَكْتَبِ. (　) (　) جَيِّداً.

ンダイイャジ （ ）　（ ） ブタクマ・ルィテラーヤイサ・ビ ブタクマ・ル （ ）ーナイャシマ・ワ フラ ンサリッダム ゥトハバスアァフ

私が彼の先生になって、私たちは、事務所のまわりを事務所の車で行きました。彼はうまく運転していました。

8) سَيَذْهَبُ إِلَى مَكَانِ ٱلاِمْتِحَانِ غَداً وَحْدَهُ (　) (　).

（ ）　（ ）　フダハワ ンダガ　シーハィテムリ・ニーカマ ーライ　ブハズヤサ

彼は明日、試験場に、ひとりでこの車で行くでしょう。

[解答]

I.　1－D　もし本屋さんに行ったら、私はよい辞書を買うでしょう。

2－C　もし私がフランス語の本を読んだら、私にわからない単語を見いだすでしょう。

3－A　もし難しい単語があったなら、私はそれを辞書の中に探すでしょう。

4－B　もし新しい単語の意味がわかったら、私はその単語とそれの意味をノートに書くでしょう。

II.

1) رُخْصَةٌ دُوَلِيَّةٌ ヤーリワゥド サフル	4) سَأَلْتُهُ フゥトルアサ	7) حَوْلَ ، سَاقَ ٱلسَّيَّارَةَ ラーヤイサッカーサ　ラウハ
2) لَمْ يَكُنْ ، ٱلْمُمْكِن ンキムム・ル　ンクヤ ムラ	5) فِكْرَةٌ جَيِّدَةٌ ダイイャジ ラクィフ	8) بِهٰذِهِ ٱلسَّيَّارَةَ ラーヤイサ・ッヒィズーハ
3) إِلَى ، أَوْ ウア　ーライ	6) ٱلاِمْتِحَانَ سَهْلٌ ルハサ　ンーハィテムリ	

CD-45

اَلدَّرْسُ ٱلثَّالِثَ عَشَرَ　أَخَذْتُ دَوَاءً بِسَبَبِ ٱلصُّدَاعِ.

ウーダス・ッビバサ・ビ ーワダ ゥトズハア

原因・理由／体調

إ= إِيسَامُو / د= دَالْيَا / أ= أَحْمَدُ

إ : مَالَكِ يَا دَالْيَا؟ يَبْدُو أَنَّكِ تَعْبَانَةٌ.

ナーバアタ キナンア ーゥドブヤ ーヤルーダ ーヤ キラ ーマ

د : عِنْدِي صُدَاعٌ. أَخَذْتُ دَوَاءً بِسَبَبِ ٱلصُّدَاعِ.

ウーダス・ッビバサ・ビ ーワダ ゥトズハア　ウーダス ーィデンイ

أ : إِذَا كَانَ ٱلصُّدَاعُ شَدِيداً فَأَحْسَنُ أَنْ تَذْهَبِي إِلَى ٱلْمُسْتَشْفَى.

ーァフュシタスム・ルライ ービハズタ ンア ンサハアァフ ンダーィデャシ ウーダス・ッナーカ ーザイ

د : لَا أُحِبُّ ٱلْمُسْتَشْفَى لِأَنَّنِي لَا أُحِبُّ ٱلْحُقَنَ.

ンカフ・ルブッヒウ ーラ ーニナンアリ ーァフュシタスム・ルブッヒウ ーラ

أ : لَا تَقُولِي شَيْئًا مِثْلَ بِنْتٍ صَغِيرَةٍ!

ラーギサ トンビ ラスミ ンアイャシ ーリークタ ーラ

سَأَنْزِلُ إِلَى ٱلصَّيْدَلِيَّةِ لِكَيْ أَشْتَرِيَ دَوَاءً.

ーワダ ヤリタュシア イカリ ヤーリダイサ・ッライ ルィズンアサ

إِذَا كَانَ عِنْدَكِ صُدَاعٌ فَلَا تَسْتَطِيعِينَ أَنْ تُقَابِلِي وَلِيدًا.

ンダーリワ ーリビーカゥト ンア ナーイーィテタスタ ーラ・ァフ ウーダス キダンイ ナーカ ーザイ

د : قَدْ ذَهَبَ إِلَى ٱلْقَرْيَةِ مَعَ أُسْرَتِهِ وَلِذٰلِكَ لَيْسَ فِي ٱلْمَدِينَةِ.

ナーィデマ・ルィフ サイラ カリーザリ・ワ ヒィテラスウ アマ ヤルカ・ルライ バハザ ドカ

دَوَاءٌ　薬
سَبَبٌ　理由
بِسَبَبِ ～　～ゆえに
صُدَاعٌ　頭痛
شَدِيدٌ　激しい
مُسْتَشْفًى　病院
حُقْنَةٌ　注射（複 حُقَنٌ）
مِثْلَ　～のような
أَنْزِلُ　（私は）下りる、（転じて）出かける（< نَزَلَ）
صَيْدَلِيَّةٌ　薬局
تُقَابِلِي　あなた（女性）は会う（接続形<قَابَلَ）
قَرْيَةٌ　村、田舎
مَدِينَةٌ　町

第13課　頭痛なので薬を飲んだわ

第 13 課のあらすじ：勇君が遊びに来たのに、ダリヤはひどい頭痛でぐったり。でも病院には行きたくないと言っています。仕方がないので、アフマドは別の薬を買いに出かけることにします。

勇＝勇／ダ＝ダリヤ／ア＝アフマド

勇：どうしたの、ダリヤ？　具合が悪そうだよ。

ダ：頭痛がするの。頭痛なので薬を飲んだわ。

ア：頭痛がひどいようだったら、病院に行った方がいいよ。

ダ：注射が嫌いだから、病院は嫌いよ。

ア：小さな女の子みたいなこと言うんじゃないよ！

　　薬を買いに、薬局に行ってこよう。

　　頭痛がするんなら、ワリードに会うことはできないね。

ダ：彼は家族と一緒に田舎に行ったわ、それで町にいないの。

اَلْقِطَّةُ بُوسِي の「基本構文です。最低これだけは！」

理由を説明する言い方。薬を飲んだ理由を「頭痛」と名詞で言うか、「頭痛がする」と文章で言うかで、異なる表現になります。

أَخَذْتُ دَوَاءً بِسَبَبِ ٱلصُّدَاعِ.
ウーダス・ッビバサ・ビ　ーワダ　ゥトズハア

頭痛なので、私は薬を飲みました。

أَخَذْتُ دَوَاءً لِأَنَّنِي عِنْدِي صُدَاعٌ.
ウーダス　ーィデンイ　ーニナンアリ　ーリダ　ゥトズハア

私は頭痛がするので、薬を飲みました。

★こう答えるとこうなる！

“عِنْدِي صُدَاعٌ.” （2 行目）の場合

→ **おなかをこわしている**ならこうなる

عِنْدِي مَغَصٌ وَإِسْهَالٌ.　私は腹痛がして、下痢をしています。

ルーハスイ・ワ　スガマ　ーィデンイ

“أَخَذْتُ دَوَاءً بِسَبَبِ ٱلصُّدَاعِ.” （2 行目）の場合

→ **熱があって薬を飲んだ**ならこうなる

شَرِبْتُ ٱلدَّوَاءَ بِسَبَبِ ٱلْحَرَارَةِ.　熱があるので、薬を飲みました。

ラーラハ・ルビバサ・ビ　ーワダ・ッゥトブリャシ

“لَا أُحِبُّ ٱلْمُسْتَشْفَى لِأَنَّنِي لَا أُحِبُّ ٱلْحُقَنَ.” （4 行目）の場合

→ **医者たちがいばっているから嫌だという**ならこうなる

لَا أُرِيدُ أَنْ أَذْهَبَ إِلَى ٱلْمُسْتَشْفَى لِأَنَّ ٱلْأَطِبَّاءَ هُنَاكَ مُتَكَبِّرُونَ.

ナールビッカタム　カーナフ　ーバッィテア・ルナンアリ　ーァフュシタスム・ルライ　バハズア　ンア　ドーリウ　ーラ

あそこは医者たちがいばっているから、病院には行きたくないわ。

→ **医者にかかるほどのことはない**ならこうなる

لَيْسَ هٰذَا ٱلصُّدَاعُ شَدِيدًا جِدًّا فَلَا أَحْتَاجُ إِلَى طَبِيبٍ.

ブービタ　ーライ　ュジータハア　ーラァフ　ンダッジ　ンダーィデャシ　ウーダス・ッザーハ　サイラ

この頭痛はそんなにひどくないから、医者は必要ないのよ。

このページの語句

مَغَصٌ	腹痛
إِسْهَالٌ	下痢
طَبِيبٌ	医者（複 أَطِبَّاءُ）

その他関連語句

إِمْسَاكٌ クーサムイ	便秘
مَرَضٌ ドラマ	病気（複 أَمْرَاضٌ ドーラムア）
مَرِيضٌ ドーリマ	病気の、病人（複 مَرْضَى ーダルマ）
نَامَ マーナ	寝た、眠った（複 يَنَامُ ムーナヤ）
رَأْسٌ スアラ	頭（複 رُؤُوسٌ スーウル）
وَجْهٌ フュジワ	顔（複 وُجُوهٌ フーュジウ）
عَيْنٌ ンイア	女目（複 عُيُونٌ ンーユウ）
أُذُنٌ ンズウ	女耳（複 آذَانٌ ンーザーア）
فَمٌ ムァフ	口（複 أَفْوَاهٌ ハーワフア）
سِنٌّ ンィス	歯（複 أَسْنَانٌ ンーナスア）
أَنْفٌ フンア	鼻（複 أُنُوفٌ フーヌウ）
يَدٌ ンドヤ	女手（複 أَيْدٍ ンィデイア）
صَدْرٌ ルドサ	胸（複 صُدُورٌ ルーゥドス）
بَطْنٌ ントバ	腹（複 بُطُونٌ ンーゥトブ）
رِجْلٌ ルュジリ	女脚（複 أَرْجُلٌ ルュジルア）

★人体で対になっている部分の名前は上記のように女性名詞になります。

この課で身につく文法

1. なぜなら～（理由・原因 1）

1 一般的なのは、لِأَنَّ（リアンナ）のあとに理由を表す文を続ける言い方です。

- لِمَاذَا تَنَامُ دَالْيَا فِي غُرْفَتِهَا؟ — ダリヤはなぜ、彼女の部屋で寝ているのですか？

ーハイティァフルグ ーィフ ーヤルーダ ムーナタ ーザーマリ

- لِأَنَّهَا تَعْبَانَةٌ. — 彼女は疲れている（具合が悪い）からです。

ナーバアタ ーハナンアリ

لَا أُرِيدُ أَنْ آكُلَ شَيْئًا لِأَنَّنِي عِنْدِي إِسْهَالٌ.

ルーハスイ ーィデンイ ーニナンアリ ンアイャシ ラクーア ンア ドーリウ ーラ

私は、下痢をしているので、何も食べたくありません。

2 سَبَبٌ（サバブ／理由）という単語を使って、～ بِسَبَبِ（ビ・サバビ／～の理由で）という表現もできます。「～」の部分には、名詞が入ります。

لَيْسَ عِنْدَ دَالْيَا حَرَارَةٌ ٱلْآنَ بِسَبَبِ ٱلْحُقْنَةِ. 注射のため、今、ダリヤは熱がありません。

ナクフ・ルビバサ・ビ ナーア・ルラーラハ ーヤルーダ ダンイ サイラ

2. そのため（理由・原因 2）

「そのため」又は「それで」という接続詞を用いて因果関係を言うことができます。よく使われるのは、لِذٰلِكَ（リザーリカ）です。

كَانَ ٱلْجَوُّ بَارِدًا أَمْسِ لِذٰلِكَ أَخَذْتُ بَرْدًا.

ンダルバ ゥトズハア カリーザリ ィスムア ンダリーバ ウウャジ・ルナーカ

昨日は寒いお天気でした、そのため、私は風邪をひいてしまいました。

نَسِيتُ أَنْ آخُذَ ٱلدَّوَاءَ، لِذٰلِكَ أَصْبَحَ ٱلْبَرْدُ أَشَدَّ.

ドッャシア ゥドルバ ハバスア・ルカリーザリ ーワダ・ッザフーア ンア ゥトーィスナ

私は薬を飲むのを忘れてしまいました、それで、風邪がもっとひどくなってしまいました。

CD-46

使える表現

1. ～のような（كَـ... ، مِثْلَ）

～مِثْلَ（ミスラ）で「～のような」という表現になります。

その病人は釘のように（細く）なってしまいました、樽のように太っていたのに。 → أَصْبَحَ ٱلْمَرِيضُ مِثْلَ ٱلْمِسْمَارِ، وَهُوَ كَانَ سَمِينًا مِثْلَ ٱلْبَرْمِيلِ.

同じ意味で、كَـ（カ）という前置詞も用いられます。

あなた（男性）の健康は、あなたのお母さんのように丈夫です。 → صِحَّتُكَ قَوِيَّةٌ كَأُمِّكَ.

そんなに頭痛がするのなら、君（女性）は寝ていなければいけない。 → إِذَا كَانَ عِنْدَكِ صُدَاعٌ هٰكَذَا فَمِنَ ٱلضَّرُورِيِّ أَنْ تَنَامِي.

メモ ただし、代名詞の前に كَـ... は用いられません。مِثْلِي（ミスリー／私のような）、مِثْلُهُ（ミスラフ／彼のような）のように、必ず مِثْلَ を使います。また「このように」は هٰكَذَا となります。

2. 症状の言い方（～عِنْدِي）

～عِنْدِي のあとを入れ替えれば、いろいろと自分の症状を訴えることができます。

風邪（鼻風邪）をひいています。 → عِنْدِي بَرْدٌ (زُكَامٌ).

熱があります。 → عِنْدِي حَرَارَةٌ.

吐き気がしています。 → عِنْدِي قَيْءٌ.

咳がでます。 → عِنْدِي كُحَّةٌ.

くしゃみがでます。 → عِنْدِي عَطْسٌ.

CD-47

★現地会話に馴染もう!!

د = دَالْيَا = ダ = ダリヤ／ط = طَبِيبَةٌ = 医 = 女医さん

お助け語句リスト

دُوَارٌ	めまい	حَتَّى	～するまで
مُنْذُ	～以来、～から	تَذْكَرَةٌ	切符
مُدَّةٌ	期間	تَذْكَرَةُ ٱلدَّوَاءِ	処方箋
~ لِمُدَّةِ	～の間	دَوْرٌ	階

د - عِنْدِي صُدَاعٌ وَدُوَارٌ يَا دُكْتُورَةُ.
ラーゥトクド ーヤ ルーワゥド・ワ ウーダス ーイデンイ

ダ — 頭痛とめまいがするんです、先生。

ط - مُنْذُ مَتَى يَا آنِسَةُ؟
サニーア ーヤ ータマ ズンム

医 — いつからですか？

د - مُنْذُ أَوَّلِ أَمْسِ.
スムア ルワッア ズンム

ダ — おとといから。

ط - عِنْدَكِ حَرَارَةٌ أَيْضًا.
ンダイア ラーラハ キダンイ

يَجِبُ عَلَيْكِ أَنْ تَكُونِي فِي ٱلسَّرِيرِ لِمُدَّةِ يَوْمَيْنِ
ンイマウヤ イテダッム・リ ルーリサ・ッィフ ーニークタ ンア キイラア ブジヤ

أَوْ ثَلَاثَةٍ حَتَّى تَنْزِلَ ٱلْحَرَارَةُ.
ラーラハ・ルライズンタ ータッハ サーラサ ウア

سَأَكْتُبُ لَكِ تَذْكَرَةَ ٱلدَّوَاءِ. اذْهَبِي إِلَى ٱلصَّيْدَلِيَّةِ
ヤーリダイサ・ッライ ーピハズイ ーワダ・ッタラカズタ キラ ブゥトクアサ

فِي ٱلدَّوْرِ ٱلْأَوَّلِ وَهُنَاكَ تَأْخُذِينَ ٱلدَّوَاءَ.
ーワダ・ッナーィズフアタ カーナフワ ルワッア・ルリウダ・ッィフ

医 — 熱もあるわね。
熱が下がるまで、2～3日は寝ていなければだめよ。
処方箋を書いてあげるから。1階の薬局に行って、そこでお薬をもらって下さい。

د - شُكْرًا يَا دُكْتُورَةُ.
ラーゥトクド ーヤ ンラクュシ

ダ — ありがとうございます、先生。

アラブ紙上体験 ⑬

▶イエメンの町の風景。中央に聳えているのが、イエメン風のモスクの尖塔。建物も独特の作りで、窓には色鮮やかな**ステンドグラス**（زُجَاجٌ مُلَوَّنٌ／ズジャージ　ムラッワン）がはめ込まれ、窓の周りの枠は石灰で白く縁取られています。通りには女性の姿が少なく、女性隔離の慣行の名残が今尚感じられます。

▶通りで見かけたイエメンの娘。イエメンではイスラム諸国の中でも、女性への旧態依然とした様々な拘束が重く残っています。都会では女性は顔を**ベール**（حِجَابٌ／ヒジャーブ）で覆い、目さえ見せぬ場合もあります。

▶イエメンのハドラマウト沙漠で出会ったベドウィン。腰には جَنْبِيَّة（ジャンビヤ）と呼ばれる、**湾曲した短刀**を帯びています。沙漠の野生の中に生き、まさに剽悍（ひょうかん）という言葉を体現しています。

アラブ人のメンタリティ

アラブ人のメンタリティとして特徴的な点を幾つか挙げてみましょう。

先ず傑出しているのが、**ホスピタリティの精神**（ضِيَافَةٌ／ディヤーファ）です。どうもこの源は沙漠に住むベドウィンに遡るような気がします。**沙漠では敵を撃退し、客人を温かくもてなすことが一家の主の責務**でした。今は部族抗争もなく、敵を撃退する必要もないのですが、客人を無条件で歓待する慣行は厳然と残っています。自分のテントを頼って来た客人は3日間、何も聞かずただ歓待するというのがベドウィンの流儀になっています。客人には自分の持てるものを惜しげもなく提供し、كَرِيمٌ（カリーム／**寛大である**）と言われることに努めます。このكَرِيمٌという言葉はベドウィンのみならず、アラブ一般において言えますが、最高の賛辞で、寛大という意味と同時に高貴であるという意味も含まれます。その反面**吝嗇**（りんしょく）を意味する、بَخِيلٌ（バヒール）という語は冗談にも使うことができないほどです。うっかりبَخِيلٌと相手にでも言おうものなら収拾のつかぬ事態にまで発展することにもなりかねません。ホスピタリティの原点は沙漠にあるように思いますが、これは農村から都市へと伝播し、アラブ一般に広く見られる傾向になっています。

名誉を重んじ、恥の意識が強いのも特徴的です。名誉と言っても、個人的であるよりは、自分の家族の名誉とか、自分の属する部族の名誉という形をとる点も特徴的です。因みに**恥**とはアラビア語で、عَارٌ（アール）と言い、**名誉**はشَرَفٌ（シャラフ）です。後者はアラブ人にとって理想的な意味を含んだ言葉ですから名前にもよく使われます。

家族意識の強い点も特徴的です。社会生活の至るところで家の意識または紐帯が見られます。家長を中心とした男性の成員が母、姉妹、祖母などの女性の成員を守るというかって重要な役割をなした機構が今尚堅固に残っていると言えましょう。自分をアイデンティファイする時に、自分自身よりも何家の誰あるいは何々族の誰と言う風に、自分の帰属する家族や部族による場合も少なくありません。

◎この課で身につけたことで、できること

・理由や原因を述べる

لَا أَذْهَبُ إِلَى ٱلْمُسْتَشْفَى لِأَنَّنِي لَا أُحِبُّ ٱلْحُقَنَ.　注射が嫌いなので、病院には行きません。

ンカフ・ルブッヒウ ーラ ーニナンアリ ーァフュシタスム・ルライ ブハズア ーラ

كُنْتُ أَنَامُ فِي ٱلسَّرِيرِ لِأَنَّنِي كُنْتُ تَعْبَانًا.　具合が悪かったので、ベッドで寝ていました。

ンナーバアタ ゥトンク ーニナンアリ ルーリィス・ッィフ ムーナア ゥトンク

CD-48

اَلدَّرْسُ ٱلرَّابِعَ عَشَرَ　يَعْنِي، هُوَ صُنِعَ فِي ٱلْيَابَانِ!

ンーバーヤ・ルイフ　アニス　ワフ　ーニアヤ

受け身／特定・一般

ي= يُومِيكُو / د= دَالْيَا / أ= أَحْمَدُ

ي: هَلْ يُوجَدُ بَرْنَامَجٌ تِلِيفِزْيُونِيٌّ عُنْوَانُهُ «كَابْتِنْ مَاجِدُ»؟

ドジーマ ンィテブーカ フヌーワンウ ーニーユィズィフーリィテ ジマーナルバ ドャジーユ ルハ

د: نَعَمْ. هُوَ كَارْتُونُ كُرَةِ ٱلْقَدَمِ.

ムダカ・ルイテラク ンーゥトルーカ ワフ ムアナ

ي: هُوَ كَارْتُونٌ يَابَانِيٌّ أَصْلِيًّا.

ンヤーリスア ーニーバーヤ ンーゥトルーカ ワフ

أ: مَا تَصَوَّرْتُ كَذٰلِكَ. يَعْنِي، هُوَ صُنِعَ فِي ٱلْيَابَانِ!

ンーバーヤ・ルイフ アニス ワフ ーニアヤ カリーザカ ゥトルワウサタ ーマ

ي: دُهِشْتُ عِنْدَمَا رَأَيْتُ أَفْلَامَ ٱلْكَرْتُونِ ٱلْيَابَانِيَّةَ فِي مِصْرَ.

ラスミ ーイフ ヤーニーバーヤ ンーゥトルカルムーラフア ゥトイアラ ーマダンイ ゥトュシヒゥド

د: أَنَا أُحِبُّ ٱلْأَفْلَامَ ٱلْأَجْنَبِيَّةَ أَكْثَرَ مِنْ أَفْلَامِ ٱلْكَرْتُونِ.

ンーゥトルカルミーラフア・ルナミ ラサクア ヤービナュジア・ルマーラフア・ルブッヒウ ーナア

خُصُوصًا ٱلْأَفْلَامَ ٱلْهِنْدِيَّةَ.

ヤーィデンヒ・ルマーラフア ・ ルニサースフ

أ: إِذَنْ، يَا أُخْتِي، فَلْنَذْهَبْ إِلَى ٱلسِّينِمَا فِي يَوْمِ ٱلْخَمِيسِ ٱلْقَادِمِ.

ムィデーカ・ルィスーミハ・ルミウヤ ーィフ ーマニーィス・ッライ ブハズナ・ルァフ ーィテフウ ーヤ ンザイ

- صُنِعَ　彼は、それは作られた（< صَنَعَ 作った→受け身形）
- يُوجَدُ　彼が、それがある（< وَجَدَ 見つける→受け身の未完了形）
- عُنْوَانٌ　題名
- كَابْتِنْ　キャプテン
- مَاجِدُ　マージド（男子の名）
- كَارْتُونٌ　漫画
- قَدَمٌ　足
- كُرَةُ ٱلْقَدَمِ　サッカー
- فِي ٱلْأَصْلِ　もともと、元来
- تَصَوَّرْتُ　私は思った、想像した（< تَصَوَّرَ）
- دُهِشْتُ　私は驚かされた、驚いた（< دَهَشَ 驚かせた→受け身形）
- أَجْنَبِيٌّ　外国の
- خُصُوصًا　特に
- هِنْدِيٌّ　インドの

第 14 課　つまり、それは日本製なんだね！

第 14 課のあらすじ：テレビを見ていたら、見覚えのあるアニメ番組が画面に映った。これは日本の漫画じゃないの！とびっくりした由美子は、ダリヤ・アフマド姉弟に尋ねた。

由＝由美子／ダ＝ダリヤ／ア＝アフマド

由：「キャプテン・マージド」っていう題名のテレビ番組がある？

ダ：ええ。それは、サッカーの漫画よ。

由：それ、もともとは日本の漫画なのよ。

ア：そうとは思わなかったな。つまり、それは日本製なんだね！

由：エジプトで日本の漫画を見たときは、びっくりしたわ。

ダ：私は、外国の映画の方が、漫画より好きだわ。

特に、インド映画が好きなの。

ア：じゃあお姉さん、今度の木曜日に映画館に行こうよ。

اَلْقِطَّةُ بُوسِي の「基本構文です。最低これだけは！」

綴りは同じですが、受け身形では元の能動の形と違う母音が付いている点に注意して下さい。

كُتِبَ عُنْوَانُ ذٰلِكَ ٱلْفِيلْمِ بِٱلْحُرُوفِ ٱلْعَرَبِيَّةِ ٱلْجَمِيلَةِ.
ラーミャジ・ルィテヤービラア・イフールフ・ルビ　ムルーィフ・ルカリーザ　ンーワンウ　バィテク

その映画の題名は、美しいアラビア文字で書かれました。

فُتِحَ بَابُ ٱلسِّينَمَا.
ーマニーィス・ッブーバ　ハィテフ

その映画館のドアが開かれました。

* بَابٌ　ドア、門

★こう答えるとこうなる！

“نَعَمْ. هُوَ كَارْتُونُ كُرَةِ ٱلْقَدَمِ.” (2 行目）の場合

→ そんな漫画はないというならこうなる

لَا، لَا يُوجَدُ كَارْتُونٌ بِذٰلِكَ ٱلْعُنْوَانِ.　いいえ、その題名の漫画はありません。

ラー　ラーユージャドゥ カールトゥーン ビ・ザーリカル・ウンワーン

→ よくわからないならこうなる

لَا أَعْرِفُ. لَسْتُ مُهْتَمَّةً بِٱلْكَارْتُونَاتِ.　わからないわ。私（女性)、漫画には興味ないの。

ラー　アアリフ　ラストゥ　ムフタンマ　ビル・カールトゥーナート

“مَا تَصَوَّرْتُ كَذٰلِكَ.” (4 行目）の場合

→ もう知っていたならこうなる

نَعَمْ. قَالَ لِي إِيسَامُو إِنَّهُ كَانَ يَتَفَرَّجُ عَلَيْهِ كُلَّ أُسْبُوعٍ قَبْلَ أَنْ يَجِيءَ إِلَى ٱلْقَاهِرَةِ.

ナアム　カーラ　リー　イーサームー　インナフ　カーナ　ヤタファッラジュ　アライヒ　クッラ　ウスブーウ　カブラ　アン　ヤジーア　イラル・カーヒラ

はい。勇は僕に、カイロに来る前は毎週それを見ていたと言いました。

“إِذَنْ، يَا أُخْتِي، فَلْنَذْهَبْ إِلَى ٱلسِّينِمَا فِي يَوْمِ ٱلْخَمِيسِ ٱلْقَادِمِ.” (8 行目）の場合

→ どうも楽しめないならこうなる

لَا أَسْتَطِيعُ أَنْ أَتَمَتَّعَ بِٱلتِّلِيفِزْيُونِ لِأَنَّ ٱلْبَرْنَامَجَ يُقْطَعُ فِي وَقْتِ ٱلصَّلَاةِ بِسَبَبِ ٱلْأَذَانِ.

ラー　アスタティーウ　アン　アタマッタア　ビッ・ティリーフィズユーン　リアンナル・バルナーマジャ　ユクタウ　フィー　ワクティッ・サラー　ビ・サバビル・アザーン

ぼくはテレビを楽しめないよ、だって、礼拝の時刻にアザーンのため、番組が中断されるから。

このページの語句

～ بِـ تَمَتَّعَ (يَتَمَتَّعُ)　～を楽しんだ

قَطَعَ (يَقْطَعُ)　切った、中断した

أَذَانٌ　アザーン（礼拝の時刻を告げる呼び声）

その他関連語句

اِنْتَهَى (يَنْتَهِي)　終わった

イヌタハー　ヤンタヒー

وَقَفَ (يَقِفُ)　止まった

ワカファ　ヤキフ

غَضِبَ (يَغْضَبُ) عَلَى～　～に腹を立てた、怒った

ガディバ　ヤグダブ　アラー

حَزِينٌ　悲しい

ハズィーン

سَعِيدٌ　幸せな、嬉しい

サイード

بَكَى (يَبْكِي)　泣いた

バカー　ヤブキー

ضَحِكَ (يَضْحَكُ)　笑った

ダヒカ　ヤドハク

この課で身につく文法

1. ～される、～された（受け身）

アラビア語では「～が～をした」というように行為者が判っている文では能動の形で書き、受け身では書きません。つまり、行為者が文中にあらわれない時だけ、受け身の形が使われます。

1 完了形の受け身形

「～された」と受け身にするには、最初の文字に付いている母音を「ウ」に、最後から 2 番目の文字に付いている母音を「イ」に代えます。

最後から 2 番目の文字に母音符号が付いていないときは、その前の母音で調整します。

三つの語根以上からなる動詞では、中の文字の母音をもうひとつ「ウ」にかえるものもあります。

تَكَلَّمَ「話す」→ تُكُلِّمَ「話された」
マラッカタ　マリックゥト

2 未完了形の受け身形

最初の文字の母音を「ウ」に、中のある文字の母音を「ア」に替えます。

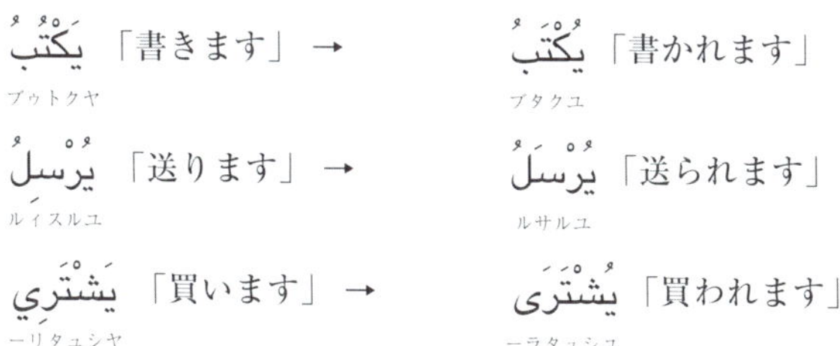

CD-49

使える表現

1. 〜がある (يُوجَدُ)

(يَجِدُ) وَجَدَ「(ヤジドゥ) ワジャタ／見つけた」の受け身 (يُوجَدُ) وُجِدَ「(ユージャドゥ) ウジダ／見つけられた」は「あった、存在した」の意味で用いられます。もとの未完了形では يَجِدُ と、完了形の語頭にあった و が消えているのに、受け身形では يُوجَدُ と、و が復活しているのに注意してください。

その広場のまわりには映画館がたくさんあります。 → تُوجَدُ سِينَمَاتٌ كَثِيرَةٌ حَوْلَ ٱلْمَيْدَانِ.
ゥトゥジャドゥ スィーナマートゥン カスィーラトゥン ハウラ ルマイダーニ

2. メイド・イン・〜 (صُنِعَ فِي 〜)

صَنَعَ「サナア／作った」の受け身形 صُنِعَ「スニア／（それは）作られました」は「メイド・イン・〜」の表現に用いられています。

この時計は中国製です。 → هٰذِهِ ٱلسَّاعَةُ صُنِعَتْ فِي ٱلصِّينِ.
ハーズィヒ ッサーア スニアット フィッ・スィーン

3. 特に (خُصُوصًا)

خُصُوصًا（フスーサン）は、「特に」と何かを特定するときに使える表現です。

アフマドはスポーツ、特にサッカーが好きです。 → يُحِبُّ أَحْمَدُ ٱلرِّيَاضَةَ، خُصُوصًا كُرَةَ ٱلْقَدَمِ.
ユヒッブ アフマドゥ・ッリヤーダ フスーサン クラタ・ルカダム

反対に「一般的に」と言うには、عُمُومًا（ウムーマン）という表現が使えます。

一般的にエジプト人はサッカーが好きです。 → عُمُومًا يُحِبُّ ٱلْمِصْرِيُّونَ كُرَةَ ٱلْقَدَمِ.
ウムーマン ユヒッブ・ルミスリーユーン クラタ・ルカダム

CD-50

★現地会話に馴染もう!!

أ = أَحْمَدُ = ア = アフマド／س = سَعِيدٌ = サ = サイード

お助け語句リスト

وُلِدْتَ　あなたは生まれた（< وَلَدَ →「生んだ」の受け身形）
أَمْرِيكَا　アメリカ
صُورَةٌ　写真
صَوَّرْنَا　私たちは撮影した（< صَوَّرَ）
وَلَدٌ　男の子
يَجْلِسُ　彼は座る（< جَلَسَ）
عُمْرٌ　年令、歳
عُمْرِي　私の歳は〜
أَقْدَمُ　より古い（< قَدِيمٌ 古い）

أ - وُلِدْتَ فِي أَمْرِيكَا، أَلَيْسَ كَذٰلِكَ، يَا سَعِيدُ؟
ドーイサ ーヤ カリーザカ サイラア ーカーリムア ーィフ タッリウ

ア ― 君は、アメリカで生まれたんだろう、ちがうかいサイード？

س - لَا. وُلِدْتُ هُنَا فِي مِصْرَ.
ルスミ ーィフ ーナフ ゥトッリウ ーラ

أُخْتِي نَادِيَةُ وُلِدَتْ فِي أَمْرِيكَا.
ーカーリムア ーィフ トダリウ ヤィデーナ ーィテフウ

هٰذِهِ صُورَةٌ صَوَّرْنَاهَا فِي ذٰلِكَ ٱلْوَقْتِ.
トクワ・ルカリーザ ーィフ ーハーナルワッサ ラース ヒィズーハ

サ ― いや。僕はここ、エジプトで生まれたんだ。
妹のナーディヤはアメリカで生まれたんだよ。
これが、そのとき撮った写真だ。

أ - مَنْ هٰذَا ٱلْوَلَدُ ٱلَّذِي يَجْلِسُ؟ هَلْ هٰذَا أَنْتَ؟
タンア ーザーハ ルハ スリュジヤ ーィズラ・ッゥドラワ・ルザーハ ンマ

ア ― この、座っている男の子は誰？これ、君かい？

س - نَعَمْ. كَانَ عُمْرِي ثَلَاثَ سَنَوَاتٍ فَقَطْ.
トカァフ トーワナサ サーラサ ーリムウ ナーカ ムアナ

サ ― そうだよ。僕はまだ3歳だったなあ。

أ - مَا أَقْدَمَ هٰذِهِ ٱلصُّورَةَ!
ラース・ッヒィズーハ マダクア ーマ

ア ― 何てこの写真は古いんだ！

アラブ紙上体験 ⑭

▶モロッコの奥地、**ワルザザート**（وَرْزَازَات）の地での結婚式の情景。背後には女性のコーラスの一団が勢揃いし、このような盛大な婚儀の祝典は 3 日間続きます。かつてモロッコの女性は結婚後はほとんど家の外へは出られない場合が多かったせいか、家は資力がある限り、広大かつ豪華につくり、家が一つの世界のようです。

▶モロッコの街路の風景。盲人の手を引いて歩く女性。人々は皆**モロッコの伝統的な服**（جِلْبَاب／ジルバーブ）に身を包んでいます。

▶モロッコの田舎町の風景。焼き肉を焼く匂いが漂っています。**アトラス山脈**（جِبَالُ ٱلْأَطْلَس／ジバール　アトラス）の奥へ踏み込んでゆくと、貧しいがそれなりに落ち着いた人々の生活に接することができます。とくに春先にアトラス山脈を越えて、モロッコ奥深くへ入る旅は、自然の美しさと相まって忘れられぬものとなるでしょう。

名所巡り

アラブ世界には世界中から観光客を呼びよせている名所や遺跡が沢山あります。まずエジプトの**ルクソール**（اَلْأُقْصُرُ／アル・ウクスル）や**アスワン**（أَسْوَانُ／アスワーン）を挙げなければなりません。**ナイル河**（نَهْرُ ٱلنِّيلِ／ナフル　ニール）に沿っての船や飛行機又は汽車の旅は生涯忘れられぬものとなるでしょう。シリアには**パルミラ**（تَدْمُرُ／タドムル）があります。3世紀に建造された都市で王女ザノービヤの時代に隆盛を極め、隊商都市でもあり、**沙漠の花嫁**（عَرُوسُ ٱلصَّحْرَاءِ／アルース　サハラーウ）とも呼ばれました。さすがは石の文化で、千数百年の間自然に晒されてきたのに、今だに荘厳な石の文化を開示しています。シリアに行ったら**アレッポ**（حَلَبُ／ハラブ）まで足をのばして、アレッポのスークや**城塞**（قَلْعَةٌ／カルア）をご覧になるといいでしょう。ヨルダンでは何と言っても**ペトラ**（اَلْبَطْرَاءُ／アルバトラーウ）が圧巻です。壮大な岩壁に彫り込まれた古代都市の遺跡に驚かされるでしょう。地中海を望むベイルートは内戦で痛々しい姿になってしまいましたが、復興の槌音が聞こえてきます。レバノンでは**バールベク**（بَعْلَبَكُّ／バアラバック）を訪れ、しばし古代の夢に耽るのも一興でしょう。年に一度の祭典に巡り会えたら、魅力は倍加するでしょう。アラビア半島の南端に位置する**イエメン**（اَلْيَمَنُ／アル・ヤマン）は神秘的な国です。北西には首都**サヌア**（صَنْعَاءُ／サヌアーウ）のような独特の建築様式を誇る古都があり、南には**ハドラマウト**（حَضْرَمَوْتُ）の沙漠があります。私はまだ**オマーン**（عُمَانُ／ウマーン）には行ったことはありませんが、神秘的で人情の篤い国だと聞いています。

マグレブ（مَغْرِبٌ／マグリブ）諸国に目を転じてみましょう。**リビア**（لِيبْيَا／リービヤー）はサハラ沙漠を持つ国としても魅力があります。**チュニジア**（تُونِسُ／トゥニス）は国土は小さいながら観光国として設備がよく整った美しい国です。地中海に面したフェニキア時代に遡る古都の遺跡、**カルタージュ**（قَرْطَاجَةُ／カルタージャ）は一見の価値があります。この辺りにあるホテルのレストランでは**地中海の海の幸とフランス人のシェフが伝え残したフランス料理の粋を楽しむことができます。**南の海に浮かぶ**ジルバ島**（جَزِيرَةُ جَرْبَةَ／ジャジーラ　ジルバ）も美しい島です。**モロッコ**（اَلْمَغْرِبُ ٱلْأَقْصَى／アル　マグリブ　アルアクサー）には名所が沢山あります。**カサブランカ**（اَلدَّارُ ٱلْبَيْضَاءُ／アッダール　バイダーウ）は白い館の意味で、大きな港を擁した一大商業都市ですが、ここにも旧市街・メディナがあり、モダンな都市のもう一つの魅力ある一面を見せてくれます。同じく港町の**タンジェ**（طَنْجَةُ／タンジャ）やアトラス山脈を越えた**マラケシュ**（مَرَاكِشُ／マラケーシュ）など枚挙に暇のない名所がひしめいています。

◎この課で身につけたことで、できること

・受け身形の表現

وُلِدْتُ فِي هٰذِهِ ٱلْمَدِينَةِ.
ナーィデマ・ルヒィズーハ　ーィフ　ゥトッリウ

私はこの町で生まれました。

دُهِشْتُ مِنْ ذٰلِكَ ٱلْفِيلْمِ.
ムルーィフ・ルカリーザ　ンミ　ゥトュシヒッド

そのフィルムを見てびっくりしました。

CD-51

اَلدَّرْسُ ٱلْخَامِسَ عَشَرَ　لَنْ أَنْسَى هٰذِهِ ٱلْأَيَّامَ ٱلْجَمِيلَةَ.

ラーミャジ・ルマーヤイア・ルヒイズーハ　ーサンア　ンラ

時制 3（完了・未来の否定）／「いらっしゃい」

ي = يُومِيكُو / م = مُصْطَفَى

ي: شُكْرًا جَزِيلًا يَا سَيِّدُ مُصْطَفَى.

ーァフタスム　ドイイサ　ーヤ　ンラーィズャジ　ンラクュシ

م: كَانَتْ زِيَارَتُكِ مُدَّتُهَا قَصِيرَةٌ. هَلْ أَعْجَبَتْكِ مِصْرُ؟

ルスミ　キトバャジアア　ルハ　ラーィスカ　ーハトダッム　キゥトラーヤイズ　トナーカ

ي: نَعَمْ، طَبْعًا. لَنْ أَنْسَى هٰذِهِ ٱلْأَيَّامَ ٱلْجَمِيلَةَ.

ラーミャジ・ルマーヤイア・ルヒイズーハ　ーサンア　ンラ　ンアブタ　ムアナ

م: تَعَالَيْ فِي ٱلشِّتَاءِ، أَيْضًا.

ンダイア　ータシ・ッイフ　イラーアタ

لَمْ تَزُورِي أَبُو سِمْبَلَ وَلَا ٱلْأُقْصُرَ بَعْدُ، أَلَيْسَ كَذٰلِكَ؟

カリーザカ　サイラア　ドアバ　ルスクウ・ルラ・ワ　ルビンイス　ーブア　ーリーズタ　ムラ

ي: صَحِيحٌ. لَمْ أَذْهَبْ إِلَى ٱلْجَنُوبِ فِي هٰذِهِ ٱلْمَرَّةِ.

ラッマ・ルヒイズーハ　ーイフ　ブーヌャジ・ルライ　ブハズア　ムラ　フーヒサ

م: نَتَوَقَّعُ أَنْ نَرَاكِ مَرَّةً أُخْرَى فِي ٱلْمُسْتَقْبَلِ ٱلْقَرِيبِ.

ブーリカ・ルリバクタスム・ルイフ　ーラフウ　ラッマ　キーラナ　ンア　ウカッワタナ

رِحْلَةٌ سَعِيدَةٌ.

ダーイサ　ラフリ

زِيَارَةٌ　訪問
قَصِيرٌ　短い
تَعَالَيْ　（女性に対して）来なさい
أَبُو سِمْبَلَ　アブ・シンベル（スーダン国境に近いナセル湖畔の地名。神殿で有名）
اَلْأُقْصُرُ　ルクソール（地名。王家の谷などがある）
مُسْتَقْبَلٌ　将来、未来
رِحْلَةٌ　旅行

第 15 課　この美しい日々を私は忘れないでしょう

第 15 課のあらすじ：夏休みもそろそろ終わりです。由美子が日本に帰る日がやってきました。ムスタファさんが見送りに来てくれました。

由＝由美子／ム＝ムスタファ

由：ありがとうございます、ムスタファさん。

ム：短いご訪問でしたね。エジプトはお気に召しましたか？

由：はい、もちろんです。この美しい日々を私は忘れないでしょう。

ム：冬にもいらっしゃい。

まだ、アブ・シンベルもルクソールも訪ねていないのでしょう？

由：ほんとうね。今回は、南の方へは行きませんでした。

ム：近い将来、もう一度お会いできることを、期待していますよ。

どうか良いご旅行を。

اَلْقِطَّةُ بُوسِي の「基本構文です。最低これだけは！」

「～しませんでした」と過去のことを否定するには لَمْ に短形を、「～しないでしょう」と未来のことを否定するには لَنْ に接続形をつけて下さい。

لَمْ أَزُرْ حَدِيقَةَ ٱلْحَيَوَانِ فِي ٱلْقَاهِرَةِ.　私はカイロで動物園を訪れませんでした。

ラヒーカ・ルイフ ンーワヤハ・ルタカーィデハ ルズア ムラ

لَنْ أَذْهَبَ إِلَى ٱلْإِسْكَنْدَرِيَّةِ بَلِ ٱلْأُقْصُرِ فِي ٱلشِّتَاءِ.　私は冬に、アレキサンドリアには行かず、ルクソールに行くでしょう。

ータシ・ツィフ ルスクウ・ルリバ ヤーリダンカスイ・ルライ バハズア ンラ

* حَدِيقَةٌ 庭 ／ حَيَوَانٌ 動物 ／ حَدِيقَةُ ٱلْحَيَوَانِ 動物園

★こう答えるとこうなる！

“نَعَمْ، طَبْعًا.”（3 行目）の場合

→ **残念ながら楽しめなかった**ならこうなる

فِي ٱلْحَقِيقَةِ، لَمْ تُعْجِبْنِي بِسَبَبِ حَرَارَتِهَا وَٱلتُّرَابِ ٱلْكَثِيرِ.

ルーィスカ・ルビーラゥト・ッワ ーハイテラーラハ ビバサ・ビ ーニブジアト ムラ カーキハ・ルイフ

実は、暑さと埃がひどくて、気にいりませんでした。

“تَعَالَيْ فِي ٱلشِّتَاءِ، أَيْضًا.”（4 行目）の場合

→ **冬にまた来ますか？と（女性に）たずねる**ならこうなる

هَلْ سَتَجِيئِينَ إِلَى مِصْرَ فِي ٱلشِّتَاءِ مَرَّةً أُخْرَى؟

ーラフウ ラッマ ータシ・ッイフ ラスミ ーライ ナーイージタサ ルハ

冬にもう一度、エジプトにいらっしゃいますか？

“لَمْ أَذْهَبْ إِلَى ٱلْجَنُوبِ فِي هٰذِهِ ٱلْمَرَّةِ.”（6 行目）の場合

→ **次回は、エジプトの近隣諸国を旅行してみたい**ならこうなる

أُرِيدُ أَنْ أُسَافِرَ إِلَى سُورِيَّا وَالأُرْدُنِّ فِي ٱلْمَرَّةِ ٱلْقَادِمَةِ.

マィデーカ・ルィテラッマ・ルィフ ンゥドルウ・ルワ ーヤーリース ーライ ラィフーサウ ンア ドーリウ

次回は、シリアとヨルダンを旅行したいです。

このページの語句

تُرَابٌ	埃、土
سَافَرَ (يُسَافِرُ)	旅行した、旅立った
سُورِيَّا	シリア
اَلْأُرْدُنُّ	ヨルダン

その他関連語句

اَلْمَغْرِبُ ブリグマ・ルア	モロッコ
اَلْجَزَائِرُ ルイーザャジ・ルア	アルジェリア
تُونِسُ スニーゥト	チュニジア
لِيبْيَا ーヤブーリ	リビア
اَلْيَمَنُ ンマヤ・ルア	イエメン
عُمَانُ ンーマウ	オマーン
فِلَسْطِينُ ンーィテスラィフ	パレスチナ
لُبْنَانُ ンーナブル	レバノン
اَلْعِرَاقُ クーラィ・ルア	イラク
اَلْكُوَيْتُ トイワク・ルア	クウェート
قَطَرُ ルタカ	カタール
اَلْبَحْرَيْنُ ンイラハバ・ルア	バーレーン
اَلسَّعُودِيَّةُ ヤーィデーウサ・ッア	サウジ

この課で身につく文法

1. ～しませんでした（完了の否定 لَمْ）

「～しませんでした」と、過去のことを否定するには、مَا（マー）に完了形を続ければできましたが、その他にもうひとつ、لَمْ（ラム）に短形を続けて「～しませんでした」ということもできます。

لَمْ أَذْهَبْ إِلَى ٱلْأُقْصُرِ فِي هٰذَا ٱلصَّيْفِ.　　この夏はルクソールに行きませんでした。

フイサ・ッザーハ　ーィフ　ルスクウ・ルライ　ブハズア　ムラ

2. ～しないでしょう（未来の否定 لَنْ）

未来のことを否定して「～しないでしょう」というには、لَنْ（ラン）に接続形を使います。

لَنْ أَجِيءَ إِلَى ٱلْقَاهِرَةِ فِي ٱلْخَرِيفِ لِأَنَّنِي يَجِبُ عَلَيَّ أَنْ أَذْهَبَ إِلَى ٱلْجَامِعَةِ.

アミーャジ・ルライ　バハズア　ンア　ヤイラア　ブジヤ　ーニナンアリ　フーリハ・ルィフ　ラヒーカ・ルライ　アージア　ンラ

私は秋にはカイロに来られません、大学に行かなくてはいけないから。

لَنْ أَنْسَى هٰذِهِ ٱلذِّكْرَيَاتِ ٱلْحُلْوَةَ أَبَدًا.

ンダバア　ワルフ・ルィテーヤラクィズ・ッヒィズーハ　ーサンア　ンラ

私はこれらの甘美な想い出を決して忘れないでしょう。

※ ذِكْرَى (ذِكْرَيَاتٌ) 想い出／حُلْوٌ 甘い

CD-52

使える表現

1. いらっしゃい（تَعَالَ）

「いらっしゃい」「来なさい」（男性単数に対して）というときには、جَاءَ（ジャーア／来る）という動詞とはまったく別の形の、この命令形でしか使われない動詞 تَعَالَ を（タアーラ）使います。

通常の命令形のように語尾を変化させ、男性単数には上の例の تَعَالَ 、女性単数には تَعَالَيْ（タアーライ、より口語的にはタアーリー）、男性複数には تَعَالَوْا（タアーラウ、より口語的にはタアールー）の形になります。

子供たち、いらっしゃい。 → يَا أَوْلَادِي، تَعَالَوْا.
ウラーアタ ーィデーラウア ーヤ

2. ・・も・・も～ない（وَلَا...لَا）

否定文のあとに、...وَلَا（ワラー）と続けると、「・・も・・も～ない」と連続して 2 つ以上の対象を否定することができます。

私は博物館もピラミッドも見ませんでした。 → لَمْ أُشَاهِدِ ٱلْمَتْحَفَ وَلَا ٱلْأَهْرَامَ.
ムーラハア・ルラワ フハトマ・ルィデヒーャシウ ムラ

ダリヤもアフマドも出かけないでしょう。 → لَنْ تَخْرُجَ دَالْيَا وَلَا أَحْمَدُ.
ドマハア ーラワ ーヤルーダ ャジルフタ ンラ

3. 良いご旅行を（رِحْلَةٌ سَعِيدَةٌ）

旅に出る人に、向かって言う決まり文句。まさに「ボン・ヴォヤージュ」そのものです。

良いご旅行を！ → رِحْلَةٌ سَعِيدَةٌ!
ダーイサ ラフリ

★現地会話に馴染もう!!

お助け語句リスト

مَسْرُورَةٌ	女嬉しい
لَحْمٌ	肉
جُبْنٌ	チーズ
وَرَقٌ	葉（又は紙）
عِنَبٌ	ブドウ
وَرَقُ عِنَبٍ	ワラク・エナブ（ブドウの葉でピラフを包んでゆでたエジプト料理）
طَبَخَتْ	彼女がお料理した
وَزْنٌ	重さ、体重
زَادَ	それが増えた
إِجَازَةٌ	休み、休暇

أ - هَلْ أَعْجَبَتْ مِصْرُ أُخْتَكَ يُومِيكُو؟
ークーミーユ　カタフウ　ルスミ　トバャジアア　ルハ

ア ― 由美子お姉さんはエジプトが気にいったかな？

إ - فِي ٱلْحَقِيقَةِ لَمْ تُعْجِبْهَا مِصْرُ.
ルスミ　ーハブジアト　ムラ　カーキハ・ルィフ

勇 ― 実は、気にいらなかったんだ。

أ - لِمَاذَا؟ هَلْ كَانَتْ غَيْرَ مَسْرُورَةٍ هُنَا؟
ーナブ　ラールスマ　ライガ　トナーカ　ルハ　ーザーマリ

ア ― どうして？　ここは楽しくなかったの？

إ - كَانَتْ مَسْرُورَةً جِدًّا وَأَكَلَتِ ٱللَّحْمَ وَٱلْجُبْنَ
ンブュジ・ルワ　ムハラ・ッウトラカア・ワンダッジ　ラールスマ　トナーカ
وَوَرَقَ ٱلْعِنَبِ اللَّذِيذَ الَّذِي طَبَخَتْهُ أُمُّكَ.
カムンウ　フトハバタ　ーィズッラ・ッザーィズラ・ッビチイ・ルカラワ・ワ
وَلَكِنَّهَا وَجَدَتْ أَنَّ وَزْنَهَا قَدْ زَادَ فِي هٰذِهِ ٱلْإِجَازَةِ.
ザーャジイ・ルヒイズーハ　ーイフ　ダーザ　ドカ　ーハナズワ　ナンア　トダャジワ　ーハナンキーラワ

勇 ― とっても楽しかったさ、お肉やチーズや、君のお母さんの作ってくれたおいしいワラク・エナブも食べたし。
でもこのお休み中に自分の体重が増えてしまったことに気がついたんだ。

أ - كَمْ كِيلُو؟
ールーキ　ムカ

ア ― 何キロ？

إ - لَمْ تَقُلْ وَلَنْ تَقُولَ.
ラークタ　ンラ・ワ　ルクタ　ムラ

勇 ― 言わなかったし、これからも言わないだろうなあ。

アラブ紙上体験 ⑮

▶モスクの内部。モロッコはタイルの文化を持った国です。個人の家でも居間などにタイルを張り巡らし、豪華な家造りをします。同じイスラム国家でも**東アラブの国々**（اَلْمَشْرِقُ／マシュリク）とは様々な側面で相違が大きく、**マグレブ**（اَلْمَغْرِبُ／マグリブ）には固有の魅力が多々あります。

▶先に見たイエメンの尖塔と大分趣が異なりますが、これもモスクの尖塔で、こちらは角形の建物で作りも堅固で精緻。尖塔の上に**コウノトリ**（لَقْلَقٌ／ラクラク）が巣を作り、モロッコの景観を一層魅力的なものにしています。

▶**カスバ**（قَصْبَةٌ）。マグレブ地方に見られるカスバは今尚住居として機能しています。外敵からの防御のために考案されたこの要塞化した町の中を歩くのには格別のスリリングな歓びがあります。マグレブの都市には必ずといってよいほど、カスバがあり、庶民の息吹に直に触れることができます。

マグレブの魅力

この本では主にエジプトを中心にテキストを編んできましたが、エジプトはアラブ世界の中では**東アラブ**（اَلْمَشْرِقُ／マシュリク）に属します。それに対し、一般に لِيبْيَا（**リビア**）から西の تُونِسُ（**チュニジア**）や اَلْجَزَائِرُ（**アルジェリア**）や اَلْمَغْرِبُ ٱلْأَقْصَى（**モロッコ**）の北アフリカの国々を اَلْمَغْرِبُ（**マグレブ**）と呼びます。

تُونِسُ より西の国々はフランスの植民地支配下にあったため、フランス文化の色彩が強く、彼等の中にはアラビア語とフランス語を話せるバイリンガルの人も少なくありません。**マグレブの魅力の一つはこのフランス文化との混交**にあります。アラブ圏一般について言えますが、特にマグレブ諸国に関するフランス語による文献の豊富さは大きな魅力です。

マグレブ諸国、特にアルジェリアとリビアはサハラ砂漠をその国土の中に包含していますが、フランス語による資料の豊かさには驚くべきものがあります。

モロッコはエキゾチシズム豊かな、一度訪れると忘れられなくなる国です。アトラス山脈を越えて車で旅をするのもよいでしょう。地中海に面した大きな港町、اَلدَّارُ ٱلْبَيْضَاءُ（**カサブランカ**）、閑静な政治の中心である都市、اَلرَّبَاطُ（**アッラバート**）、豊かな穀倉地の中に静かに息づく古都、فَاسُ（**ファース**）、妖しげな魅力を讃えた港町、طَنْجَةُ（**タンジャ**）、アトラス山系の中に静かに横たわる、مَرَاكِشُ（**マラケシュ**）等、どれも劣らぬ魅力を備えた町です。

チュニジアでは地中海の海の幸とフランス料理の技が産んだ美味しい料理が満喫できます。またマグレブの代表的料理も忘れることはできません。マグレブの二大料理は كُسْكُسُ（**クスクス**）と独特の形をしたタージンと呼ばれる陶器を使って料理した、طَاجِنٌ（**タージン**）でしょう。マグレブはイスラーム圏であるにも拘わらず、フランスの影響もあって**国産の素晴らしいワインを製造し、料理に欠かせぬもの**となっています。

◎この課で身につけたことで、できること

・過去の否定

لَمْ أُفَكِّرْ عَنْ وَزْنِي فِي مِصْرَ.　私はエジプトで、自分の体重について考えませんでした。

ラスミ ーイフ ーニズワ ンア ルキッァフウ ムラ

・未来の否定

لَنْ آكُلَ أَطْعِمَةً كَثِيرَةً مِثْلَ ذٰلِكَ مَرَّةً أُخْرَى.

ーラフウ ラッマ カリーザ ラスミ ラーイスカ マイトア ラクーア ンラ

私は二度とあんなに沢山の食物を食べないでしょう。

CD-54

第 13 課と第 14 課と第 15 課を
ここでちょっとチェック！

I. ムスタファさんの話を日本語に訳してください。

١) سَتُسَافِرُ ٱلْآنِسَةُ يُومِيكُو ٱلْيَوْمَ إِلَى طُوكِيُو.

ーユキーゥト　ーライ　マウヤ・ルクーミーユ　サニーア・ルルィフーサゥトサ

لَمْ تَكُنْ فِي ٱلْقَاهِرَةِ لِمُدَّةٍ طَوِيلَةٍ وَلٰكِنَّهَا قَدْ أَصْبَحَتْ مِثْلَ بِنْتِي وَسَتُوحِشُنِي.

ーニュシヒーゥトサワ　ーィテンビ　ラスミ　トハバスア　ドカ　ーハナンキーラワ　ラーィウタ　ダッムリ　ラヒーカ・ルィフ　ンクタ　ムラ

يَبْدُو أَنَّ ٱلسَّيِّدَ تَانَاكَا حَزِينٌ.

ンーィズハ　ーカーナータ　ドイイサ・ッナンア　ーゥドブヤ

٢) أُرِيدُهَا أَنْ تَرْجِعَ إِلَى مِصْرَ فِي شَهْرِ دِيسِمْبَرَ ٱلْقَادِمِ،

ムィデーカ・ルリバムィスーィデ　ルハヤシ　ーィフ　ラスミ　ーライ　アジルタ　ンア　ーハドーリウ

وَأَتَمَنَّى أَنْ نَقْضِيَ وَقْتًا جَمِيلاً مَرَّةً أُخْرَى.

ーラフウ　ラッマ　ンラーミャジ　ンタクワ　ヤィデクナ　ンア　ーナンマタアワ

II. 秘書のナビーラさんのことばを完成させてください。

1) (　　) أَنَّ ٱلسَّيِّدَ تَانَاكَا سَعِيدٌ (　　) (　　) وَصَلَتْ مِنَ ٱلْآنِسَةِ يُومِيكُو.

ークーミーユ　サニーア・ルナミ　トラサワ　（　）　（　）　ドーイサ　ーカーナータ　ドイイサ・ッナンア（　）

由美子さんからはがきが届いたので、田中さんは嬉しそうです。

2) ذَهَبَ يُوسُفُ إِلَى (　　) وَلٰكِنَّهُ (　　) يَرْجِعَ إِلَى ٱلْمَكْتَبِ لِمُدَّةٍ.

ダッムリ　ブタクマ・ルライ　アジルヤ　（　）フナンキーラワ（　）　ーライ　フスーユ　バハザ

ユースフは銀行に出かけましたが、しばらくオフィスには帰ってこないでしょう。

3) لَقَدْ أَخَذَ ٱلسَّيِّدُ مُصْطَفَى (　　) لِذٰلِكَ (　　) يَسُقِ ٱلسَّيَّارَةَ.

ラーヤイサ・ッキスヤ　（　）　カリーザリ　（　）　ーァフタスム　ドイイサ・ッザハア　ドカラ

ムスタファさんは、風邪をひいたので、車を運転しませんでした。

4) (　　) إِلَى ٱلْمَكْتَبِ فَاكْسُ، وَلٰكِنِّي (　　) أَسْتَطِعْ أَنْ (　　)هُ، لِأَنَّهُ (　　) بِٱللُّغَةِ ٱلْيَابَانِيَّةِ.

ヤーニーバーヤ・ルィテガル・ッビ（　）フナンアリ　フ（　）ンア　ウィテタスア　（　）ーニンキーラワ　スクーァフ　ブタクマ・ルライ　（　）

ファックスがオフィスに届きましたが、私には読めませんでした、日本語で書かれていたので。

III. 君子夫人の話をアラビア語に訳して下さい。

1) 夏休みが終わりました、それで由美子は東京に帰りました。
2) 東京に着いたあと、彼女は電話をしませんでした。
3) でも、私は怒らないでしょう。
4) けれども、娘の声 (صَوْتٌ) が聞きたいです。

[解答]

I. 1) 今日、由美子さんが東京に旅立ちます。
カイロに長い期間はいませんでしたが、彼女はすでに私にとって
自分の娘のようになりました、(いなくなったら) さびしいでしょう。
田中さんは悲しそうです。
2) 私は彼女に、次の 12 月にエジプトに帰ってきて欲しいです、
そして、またもう一度、私たちが美しい時を過ごせたらと望んでいます。

II.

1) يَبْدُو ، لأَنَّ ٱلْبِطَاقَةَ
カータビ・ルナンアリ　ーゥドブヤ

2) ٱلْبَنْكِ ، لَنْ
ンラ　クンバ・ル

3) بَرْدًا ، لَمْ
ムラ　ンダルバ

4) وَصَلَ ، لَمْ ، أَقْرَأْ ، كُتِبَ
バィテク　アラクア　ムラ　ラサワ

III.

1) قَدِ انْتَهَتْ إِجَازَةُ ٱلصَّيْفِ، لِذٰلِكَ رَجَعَتْ يومِيكُو إِلَى طُوكِيُو.
ーュキーゥト ーライ ークーミーユ トアャジラ カリーザリ フイサ・ッゥトザーャジイ トハタン・ィデカ

2) لَمْ تَتَّصِلْ بِٱلْتِلِيفُونِ بَعْدَ مَا وَصَلَتْ إِلَى طُوكِيُو.
ーユキーゥト ーライ　トラサワ ーマ ダアバ ンーフーリィテ・ッビ ルィスタッタ ムラ

3) وَلٰكِنِّي لَنْ أَغْضَبَ.
バダグア ンラ ーニンキーラワ

4) وَلٰكِنِّي أُرِيدُ أَنْ أَسْمَعَ صَوْتَ ٱبْنَتِي.
ーィテナブ タウサ アマスア ンア ドーリウ ーニンキーラワ

CD-55

ولا على باله
（あの人は気付かない）

私の愛する人　あの人は私の思慕に気付かない	حبيبي ولا على باله شوقي إليه
私の心はひたすら　あの人を呼んでいる	وأنا شاغل بالي أنادي عليه
※ 幾晩もあの人を思い	وليالي كتير أفكر فيه
あの人を恋い慕う　あの人は知らないけれど	وأحن إليه ولا داري

****

十分よ、夜も　昼も	كفاية إنه بقاله ليله ويوم
私の想いの中にいつもあの人がいる　眠れないままに	على طول في خيالي ومافيش نوم
※ 繰り返し	وليالي كتير أفكر فيه
	وأحن إليه ولا داري

****

魅惑の夜　あの人の瞳は語りかける	عيونه فيها كلام في ليل خلاب
最も甘美な痛みの中で　あの人は私の鼓動を愛に変える	خلا دقات قلبي غرام في أحلى عزاب
※ 繰り返し	وليالي كتير أفكر فيه
	وأحن إليه ولا داري

付 録

※指示詞、代名詞は、「文法補足」に含まれるので割愛しました。

1. 親族名称

أَبٌ（ブア） 父

أُمٌّ（ムンウ） 母

جَدٌّ（ドッヤジ） 祖父

جَدَّةٌ（ダッヤジ） 祖母

أَخٌ（フア） 複 إِخْوَةٌ（トワフイ） 兄弟

أُخْتٌ（トフウ） 複 أَخَوَاتٌ（トーワハア） 姉妹

عَمٌّ（ムンア） 複 أَعْمَامٌ（ムーマアア） 父方のおじ

عَمَّةٌ（マンア） 複 عَمَّاتٌ（トーマンア） 父方のおば

خَالٌ（ルーハ） 複 أَخْوَالٌ（ルーワフア） 母方のおじ

خَالَةٌ（ラーハ） 複 خَالَاتٌ（トーラーハ） 母方のおば

اِبْنٌ（ンブイ） 複 أَبْنَاءٌ（ウーナブア） 息子

بِنْتٌ（トンビ） 複 بَنَاتٌ（トーナバ） 娘

زَوْجٌ（ュジウザ） 夫

زَوْجَةٌ（ャジウザ） 妻

أُسْرَةٌ（ラスウ） 複 أُسَرٌ（ルサウ） 家族

2. 人体

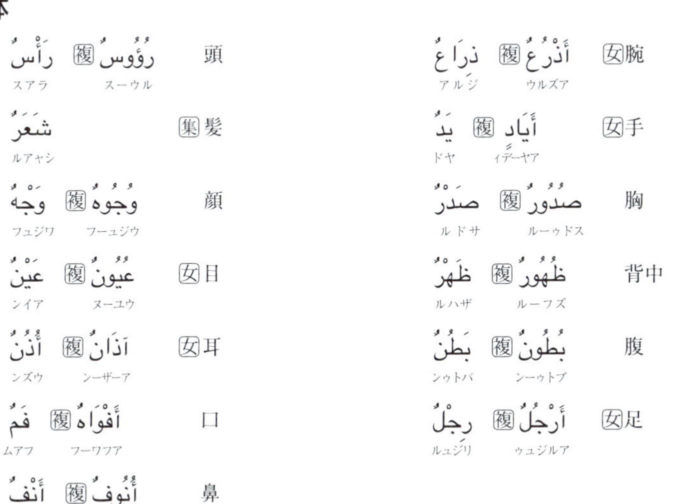

رَأْسٌ（スアラ） 複 رُؤُوسٌ（スーウル） 頭

شَعَرٌ（ルアシ） 集 髪

وَجْهٌ（フュジワ） 複 وُجُوهٌ（フーュジウ） 顔

عَيْنٌ（ンイア） 複 عُيُونٌ（ヌーユウ） 女 目

أُذُنٌ（ンズウ） 複 آذَانٌ（ンーザーア） 女 耳

فَمٌ（ムアフ） 複 أَفْوَاهٌ（フーワフア） 口

أَنْفٌ（フンア） 複 أُنُوفٌ（フーヌウ） 鼻

ذِرَاعٌ（アルジ） 複 أَذْرُعٌ（ウルズア） 女 腕

يَدٌ（ドヤ） 複 أَيَادٍ（イデーヤア） 女 手

صَدْرٌ（ルドサ） 複 صُدُورٌ（ルーゥドス） 胸

ظَهْرٌ（ルハザ） 複 ظُهُورٌ（ルーフズ） 背中

بَطْنٌ（ンゥトバ） 複 بُطُونٌ（ンーゥトブ） 腹

رِجْلٌ（ルュジリ） 複 أَرْجُلٌ（ウュジルア） 女 足

3. 時間帯

صَبَاحٌ	フーバサ	朝
نَهَارٌ	ルーハナ	昼
مَسَاءٌ	ウーサマ	夕方
لَيْلَةٌ	ライラ	夜
ظُهْرٌ	ルフズ	正午

4. 曜日

يَوْمُ ٱلْأَحَدِ	ドハア・ルムウヤ	日曜日
يَوْمُ ٱلْاِثْنَيْنِ	ンイナスリムウヤ	月曜日
يَوْمُ ٱلثُّلَاثَاءِ	ウーサーラス・ッムウヤ	火曜日
يَوْمُ ٱلْأَرْبِعَاءِ	ウーアビルア・ルムウヤ	水曜日
يَوْمُ ٱلْخَمِيسِ	スーミハ・ルムウヤ	木曜日
يَوْمُ ٱلْجُمْعَةِ	アムュジ・ルムウヤ	金曜日
يَوْمُ ٱلسَّبْتِ	トブサ・ッムウヤ	土曜日

5. 月

يَنَايِر	ルイーナヤ	1月
فِبْرَايِر	ルイーラブィフ	2月
مَارِس	スリーマ	3月
إِبْرِيل	ルーリブイ	4月
مَايُو	ーユーマ	5月
يُونِيُو	ーユニーユ	6月
يُولِيُو	ーユリーユ	7月
أُغُسْطُس	スゥトスグウ	8月
سِبْتَمْبِر	ルビンィテブィス	9月
أُكْتُوبِر	ルビーゥトクウ	10月
نُوفَمْبِر	ルビンィフィーヌ	11月
دِيسَمْبِر	ルビンィスーィデ	12月

6. 四季

رَبِيعٌ	ウービラ	春
صَيْفٌ	フイサ	夏
خَرِيفٌ	フーリハ	秋
شِتَاءٌ	ウータシ	冬

7. 方向・方角

غَرْبٌ ブルガ	東	يَمِينٌ ンーミヤ	右
شَرْقٌ クルャシ	西	هُنَا ーナフ	ここ
جَنُوبٌ ブーヌャジ	南	هُنَاكَ カーナフ	あそこ
شِمَالٌ ルーマシ	北；左		

8. 色

أَبْيَضُ ドヤブア	女 بَيْضَاءُ ウーダイバ	複 بِيضٌ ドービ	白
أَسْوَدُ ドワスア	女 سَوْدَاءُ ウーダウサ	複 سُودٌ ドース	黒
أَحْمَرُ ルマフア	女 حَمْرَاءُ ウーラムハ	複 حُمْرٌ ルムフ	赤
أَصْفَرُ ルァフスア	女 صَفْرَاءُ ウーラフサ	複 صُفْرٌ ルフス	黄
أَخْضَرُ ルダフア	女 خَضْرَاءُ ウーラドハ	複 خُضْرٌ ルドフ	緑
أَزْرَقُ クラズア	女 زَرْقَاءُ ウーカルザ	複 زُرْقٌ クルズ	青

9. 疑問詞と前置詞

مَاذَا، مَا ーマ ーザーマ	何？	مِنْ ンミ	～から
مَنْ ンマ	誰？	إِلَى ーライ	～へ
مَتَى ータマ	いつ？	بِ ビ	～で、～によって
أَيْنَ ナイア	どこ？	لِ リ	～のため、～に
كَيْفَ アフイカ	どのように？	قَبْلَ ラブカ	～の前に（時間）
كَمْ ムカ	いくつ？	بَعْدَ ダアバ	～の後に（時間）
عَلَى ーラア	～の上	أَمَامَ マーマア	～の前に（場所）
تَحْتَ タハタ	～の下	وَرَاءَ アーラワ	～の後に（場所）
فِي ーィフ	～の中		

10. 基数

	アラビア数字	男性形	女性形
1	١	أَحَدٌ ドハア وَاحِدٌ ドヒーワ	إِحْدَى ーダハイ وَاحِدَةٌ ダヒーワ
2	٢	اِثْنَانِ ニーナスイ	اِثْنَتَانِ ニータナスイ
3	٣	ثَلَاثَةٌ サーラサ	ثَلَاثٌ スーラサ
4	٤	أَرْبَعَةٌ アバルア	أَرْبَعٌ ウバルア
5	٥	خَمْسَةٌ サムハ	خَمْسٌ スムハ
6	٦	سِتَّةٌ タッイス	سِتٌّ トッイス
7	٧	سَبْعَةٌ アブサ	سَبْعٌ ウブサ
8	٨	ثَمَانِيَةٌ ヤニーマサ	ثَمَانٍ ンニーマサ
9	٩	تِسْعَةٌ アスィテ	تِسْعٌ ウスィテ
10	١٠	عَشَرَةٌ ラャシア	عَشْرٌ ルュシア
11	١١	أَحَدَ عَشَرَ ラャシア ダハア	إِحْدَى عَشْرَةَ ラュシア ーダハイ
12	١٢	اِثْنَا عَشَرَ ラャシア ーナスイ	اِثْنَتَا عَشْرَةَ ラュシア ータナスイ
13	١٣	ثَلَاثَةَ عَشَرَ ラャシア タサーラサ	ثَلَاثَ عَشْرَةَ ラュシア サーラサ
14	١٤	أَرْبَعَةَ عَشَرَ ラャシア タアバルア	أَرْبَعَ عَشْرَةَ ラュシア アバルア
15	١٥	خَمْسَةَ عَشَرَ ラャシア タサムハ	خَمْسَ عَشْرَةَ ラュシア サムハ
16	١٦	سِتَّةَ عَشَرَ ラャシア タタッイス	سِتَّ عَشْرَةَ ラュシア タッイス
17	١٧	سَبْعَةَ عَشَرَ ラャシア タアブサ	سَبْعَ عَشْرَةَ ラュシア アブサ
18	١٨	ثَمَانِيَةَ عَشَرَ ラャシア タヤニーマサ	ثَمَانِيَ عَشْرَةَ ラュシア ヤニーマサ

19	١٩	تِسْعَةَ عَشَرَ ラヤシア タアスィテ	تِسْعَ عَشْرَةَ ラュシア アスィテ
20	٢٠	عِشْرُونَ ナールュシイ	
21	٢١	أَحَدٌ وَعِشْرُونَ ナールュシイワ ダハア	إِحْدَى وَعِشْرُونَ ナールュシイワ ーダハイ
30	٣٠	ثَلَاثُونَ ナースーラサ	
40	٤٠	أَرْبَعُونَ ナーウバルア	
50	٥٠	خَمْسُونَ ナースムハ	
60	٦٠	سِتُّونَ ナーゥトッィス	
70	٧٠	سَبْعُونَ ナーウブサ	
80	٨٠	ثَمَانُونَ ナーヌーマサ	
90	٩٠	تِسْعُونَ ナーウスィテ	
100	١٠٠	مِئَةٌ ، مِائَةٌ アミ 、 アミ	
200	٢٠٠	مِئَتَانِ ニータアミ	
300	٣٠٠	ثَلَاثُ مِئَةٍ アミ スーラサ	
1,000	١٠٠٠	أَلْفٌ フルア	
2,000	٢٠٠٠	أَلْفَانِ ニーァフルア	
3,000	٣٠٠٠	ثَلَاثَةُ آلَافٍ フーラーア トサーラサ	
10,000	١٠٠٠٠	عَشْرَةُ آلَافٍ フーラーア トラュシア	
100,000	١٠٠٠٠٠	مِئَةُ أَلْفٍ フルア トアミ	
1000,000	١٠٠٠٠٠٠	مِلْيُونٌ ンーユルミ	

11. 序数

	アラビア数字	男性形	女性形
1	١	اَلْأَوَّلُ ルウワア・ルア	اَلْأُولَى ーラーウ・ルア
2	٢	اَلثَّانِي ーニーサ・ッア	اَلثَّانِيَةُ ヤニーサ・ッア
3	٣	اَلثَّالِثُ スリーサ・ッア	اَلثَّالِثَةُ サリーサ・ッア
4	٤	اَلرَّابِعُ ウビーラ・ッア	اَلرَّابِعَةُ アビーラ・ッア
5	٥	اَلْخَامِسُ スミーハ・ルア	اَلْخَامِسَةُ サミーハ・ルア
6	٦	اَلسَّادِسُ スィデーサ・ッア	اَلسَّادِسَةُ サィデーサ・ッア
7	٧	اَلسَّابِعُ ウビーサ・ッア	اَلسَّابِعَةُ アビーサ・ッア
8	٨	اَلثَّامِنُ ンミーサ・ッア	اَلثَّامِنَةُ ナミーサ・ッア
9	٩	اَلتَّاسِعُ ウィスータ・ッア	اَلتَّاسِعَةُ アィスータ・ッア
10	١٠	اَلْعَاشِرُ ルシーア・ルア	اَلْعَاشِرَةُ ラシーア・ルア
11	١١	اَلْحَادِيَ عَشَرَ ラャシア　ーィデーハ・ルア	اَلْحَادِيَةَ عَشْرَةَ ラュシア　ヤィデーハ・ルア
12	١٢	اَلثَّانِيَ عَشَرَ ラャシア　ーニーサ・ッア	اَلثَّانِيَةَ عَشْرَةَ ラュシア　タヤニーサ・ッア
13	١٣	اَلثَّالِثَ عَشَرَ ラャシア　サリーサ・ッア	اَلثَّالِثَةَ عَشْرَةَ ラュシア　タサリーサ・ッア
20	٢٠	اَلْعِشْرُونَ ナールュシイ・ルア	
21	٢١	اَلْحَادِي وَالْعِشْرُونَ ナールュシイ・ルワ　ーィデーハ・ルア	اَلْحَادِيَةُ وَالْعِشْرُونَ ナールュシイ・ルワ　ヤィデーハ・ルア
30	٣٠	اَلثَّلَاثُونَ ナースーラサ・ッア	
40	٤٠	اَلْأَرْبَعُونَ ナーウバルア・ルア	
50	٥٠	اَلْخَمْسُونَ ナースムハ・ルア	
100	١٠٠	اَلْمِئَةُ ، اَلْمِائَةُ アミ・ルア　、アミ・ルア	

重要表現集 50

—ごきげんよう。—ごきげんよう。

- اَلسَّلَامُ عَلَيْكُمْ. - وَعَلَيْكُمُ ٱلسَّلَامُ.

ムラーサ・ッムクイラアワ　ムクイラア・ムーラッサッア

—おはよう。—おはよう。

- صَبَاحُ ٱلْخَيْرِ. - صَبَاحُ ٱلنُّورِ.

ルーヌ・ンフーバサ　ルイハ・ルフーバサ

—今晩は。—今晩は。

- مَسَاءُ ٱلْخَيْرِ. - مَسَاءُ ٱلنُّورِ.

ルーヌ・ンウーサマ　ルイハ・ルウーサマ

—さようなら。—さようなら。

- مَعَ ٱلسَّلَامَةِ. - اَللّٰهُ يُسَلِّمُكَ.

カムリッサユ ーラッア　マーラサッアマ

—おやすみなさい。—おやすみなさい。

- تُصْبِحُ عَلَى خَيْرٍ. - وَأَنْتَ مِنْ أَهْلِهِ.

ヒリハア ンミ タンアワ　ルイハ ーラア フビスゥト

—ありがとう。—どういたしまして。

- شُكْرًا. - عَفْوًا.

ンワフア　ンラクュシ

はい／いいえ

لَا / نَعَمْ

ムアナ　ーラ

何ですって？（聞き返すとき）

نَعَمْ؟

ムアナ

—ご機嫌いかが？—お蔭様で、元気です。

- كَيْفَ حَالُكَ؟ - أَنَا بِخَيْرٍ، وَٱلْحَمْدُ لِلّٰهِ.

ーラッリ ドムハ・ルワ ルイハビ ーナア　カルーハ ァフイカ

—お大事に。—(答)

- سَلَامَتُكَ. - اَللّٰهُ يُسَلِّمُكَ. / لَا أَرَاكُمْ شَرًّا. / حَفِظَكُمُ ٱللّٰهُ.

ーラッムクザィフハ ンラッャシ ムクーラア ーラ カムリッサユ ーラッア カゥトマーラサ

—ようこそ。—(答)

- أَهْلًا وَسَهْلًا. - أَهْلًا بِكَ. / شَرَّفْتَنَا. / شُكْرًا.

ンラクュシ ーナタフラッャシ カビ ンラハア ンラハサワ ンラハア

—エジプト滞在はどのくらいですか？
—1 週間です。

- مَا مُدَّةُ إِقَامَتِكَ فِي مِصْرَ؟ - أُسْبُوعٌ.

ウーブスウ　ルスミ ーィフ カィテマーカイ ゥトダゥム ーマ

どこでアラビア語を勉強したのですか？

أَيْنَ دَرَسْتَ ٱللُّغَةَ ٱلْعَرَبِيَّةَ ؟

ヤービラア・ルガルッタスラダ　ナイア

これをアラビア語で何と言いますか？

مَاذَا تُسَمِّي هٰذَا بِٱللُّغَةِ ٱلْعَرَبِيَّةِ؟

ヤービラア・ルガルッビ　ーザーハ　ーミンサット　ーザーマ

どうか、正則アラビア語で話してください。

مِنْ فَضْلِكَ، تَكَلَّمْ بِٱللُّغَةِ ٱلْفُصْحَى.

ーハスフ・ルガルッビ　ムラッカタ　カリドァフ　ンミ

—今日は何曜日ですか？
—今日は月曜日です。

- مَا ٱسْمُ هٰذَا ٱلْيَوْمِ؟ - اِسْمُهُ يَوْمُ ٱلاِثْنَيْنِ.

ンイナスリムウヤ　フムスイ　　ムウヤ・ルザーハ　ムスマ

—今日は何日ですか？
—今日は 17 日です。

- يَوْمُ كَمْ فِي ٱلشَّهْرِ؟ - ٱلْيَوْمُ يَوْمُ سَبْعَةَ عَشَرَ.

ルャシア　タアブサ ムウヤ ムウヤルア　　ルハャシッイフ　ムカ　ムウヤ

—今何時ですか？—11 時です。

- كَمِ ٱلسَّاعَةُ ٱلْآنَ؟ - اَلسَّاعَةُ ٱلْحَادِيَةَ عَشْرَةَ.

ラュシア タヤィデーハ・ルアーサッア　　ンーア・ルアーサッミカ

—お手洗いはどこですか？—こちらです。

- أَيْنَ دَوْرَةُ ٱلْمِيَاهِ؟ - هِيَ هَاهُنَا.

ーナフーハ　ヤヒ　　ハーヤミ・ルゥトラウダ　ナイア

暑い／ちょうど良い／寒いです。

اَلْجَوُّ حَارٌّ / مُعْتَدِلٌ / بَارِدٌ.

ゥドリーバ　　ルィデタウム　ルッーハ ウウャジ・ルア

—気温は何度ですか？—30 度です。

- كَمْ دَرَجَةُ ٱلْحَرَارَةِ؟ - ثَلَاثُونَ دَرَجَةً.

ャジラダ　ンースーラサ　　ラーラハ・ルゥトャジラダ　ムカ

エアコンをつけましょう。

فَلْنَفْتَحْ جِهَازَ ٱلتَّكْيِيفِ.

フーイクタッザーハジ　ハタフナ・ルァフ

—冷たいもの（清涼飲料水）を飲みますか？
—（辞退）結構です／（どちらにもとれる）ありがとう。

- هَلْ تَشْرَبُ شَيْئًا بَارِدًا؟

ンダリーバ ンアイャシ ブラュシタ　ルハ

- لَا شُكْرًا. / شُكْرًا.

ンラクュシ　　ンラクュシ ーラ

お茶を下さい。

مِنْ فَضْلِكَ، أَعْطِنِي شَايًا.

イーャシ　ーニ・ィテアア　カリゥドァファ　ンミ

お砂糖が中程度のトルコ珈琲が欲しい。

أُرِيدُ قَهْوَةً تُرْكِيَّةً مَضْبُوطَةً.

ターブゥドマ　ヤーキルゥト　ワフカ　ゥドーリウ

—メニューを下さい。—どうぞ。

- مِنْ فَضْلِكَ، قَائِمَةُ ٱلطَّعَامِ. - تَفَضَّلْ.

ルダッァフタ　ムーアタ・ッゥトマイーカ　カリゥドァファ　ンミ

このお料理は注文しませんでしたよ。

لَمْ أَطْلُبْ هٰذَا ٱلطَّبَقَ.

クバタッザーハ　ブルゥトア　ムラ

ヒルトン・ホテルに行きたい。

أُرِيدُ أَنْ أَذْهَبَ إِلَى فُنْدُقِ هِيلْتُونَ.

ンーゥトルヒ　クゥドンフ　ーライ　バハズア　ンア ゥドーリウ

その角を右に曲がってください。

اُدْخُلْ نَاحِيَةَ ٱلْيَمِينِ، مِنْ فَضْلِكَ.

カリゥドァフ　ンミ　ンーミヤ・ルタヤヒーナ　ルフゥドウ

(タクシーなどで) そこで停めてください。

عَلَى جَنْبٍ، لَوْ سَمَحْتَ.

タフマサ　ウラ　ブンャジ　ーラア

頭痛がします。

عِنْدِي صُدَاعٌ.

アーダス　ーィデンイ

お宅に下痢の薬はありますか？

هَلْ عِنْدَكَ دَوَاءٌ لِلْإِسْهَالِ؟

ルーハスイ・ルリ　ウーワダ　カダンイ

会計のところで代金を払ってください。

اِدْفَعِ ٱلثَّمَنَ فِي ٱلْخِزَانَةِ.

ナーザヒ・ルィフ　ンマサ・ッイァフゥドイ

5 ポンドです。

خَمْسَةُ جُنَيْهَاتٍ.

トーハイナュジ　サムハ

10 ポンドの小銭はありますか？

هَلْ مَعَكَ عَشَرَةُ جُنَيْهَاتٍ فَكَّةً؟

カッァフ トーハイナュジ トラャシア カアマ ルハ

—いくら払いましたか？—50 ポンド払いました。

- كَمْ جُنَيْهًا دَفَعْتَ؟ - دَفَعْتُ خَمْسِينَ جُنَيْهًا.

ンハイナュジ ンーィスムハ ゥトアァフダ　タアァフダ ンハイナュジ ムカ

香水なんて、ぜんぜん買いたくありません。

لَا أُرِيدُ أَنْ أَشْتَرِيَ عِطْرًا أَبَدًا.

ンダバア ンラゥトイ ヤリタュシア ンア ゥドーリウ ーラ

日本へ出す手紙の切手が欲しい。

أُرِيدُ طَوَابِعَ إِلَى ٱلْيَابَانِ.

ンーバーヤ・ルライ アビーワタ ゥドーリウ

EMS（海外向け速達便）の受付窓口はどこですか？

أَيْنَ شُبَّاكُ خِدْمَةَ EMS؟

スエムエーイ ィテマィドヒ クーバッュシ ナイア

この建物を出て、左に行ってください。

اُخْرُجْ مِنْ هٰذَا ٱلْمَبْنَى وَٱذْهَبْ إِلَى ٱلشَّمَالِ.

ルーマシ・ッライ ブハズワ ーナブマ・ルザーハ ンミ ュジルフウ

この券の予約の再確認をしたい。

أُرِيدُ تَأْكِيدَ ٱلْحَجَزِ لِهٰذِهِ ٱلتَّذْكَرَةِ.

ラカズタ・ッヒィズーハ・リ ズャジハ・ルダーキアタ ゥドーリウ

このホテルに、エジプト航空の事務所はありますか？

هَلْ مَكْتَبُ مِصْرَ لِلطَّيَرَانِ فِي هٰذَا ٱلْفُنْدُقِ؟

クゥドンフ・ルザーハ ーィフ ンーヤラタッリ ルスミ ブタクマ ルハ

このチェックを換金して、エジプト通貨に替えたい。

أُرِيدُ أَنْ أَصْرِفَ هٰذَا ٱلشِّيكَ ثُمَّ أُحَوِّلَهُ إِلَى عُمْلَةٍ مِصْرِيَّةٍ.

ヤーリスミ ラムウ ーライフラィウウハウ マンス クーシッザーハ ァフリスア ンア ゥドーリウ

日本円をエジプト・ポンドに替えることはできますか？

هَلْ مِنَ ٱلْمُمْكِنِ أَنْ أُحَوِّلَ

ライウウハウ ンア ンキンム・ルナミ ルハ

مِنَ ٱلْيِنِّ ٱلْيَابَانِيِّ إِلَى ٱلْجُنَيْهِ ٱلْمِصْرِيِّ؟

ーリスミ・ルヒイナュジ ーライ ーニーバーヤ・ルニンイ ルナミ

入り口の脇にある機械で替えてください。

حَوِّلِ ٱلنُّقْدَ بِٱلْآلَةِ ٱلَّتِي بِجَانِبِ ٱلْمَدْخَلِ.

ルハドマ・ルビニーヤジ・ビ ーィテラッ・ィテラーア・ルビ ドクヌ・ンリィウウハ

アレキサンドリアまで、スーパージェットで何時間かかるでしょうか？

كَمْ سَاعَةً سَنَأْخُذُ إِلَى ٱلْإِسْكَنْدَرِيَّةِ بِسُوبَرْجِيتْ؟

トージルバース・ビ　ヤーリンダンカスイ・ルライ　ズフアナ・サ　アーサ　ムカ

カイロ・アレキサンドリア間の列車は３種類あります。

هُنَاكَ ثَلَاثَةُ أَنْوَاعٍ مِنَ ٱلْقِطَارَاتِ بَيْنَ ٱلْقَاهِرَةِ وَٱلْإِسْكَنْدَرِيَّةِ.

ヤ・リグンカスイ・ルワ　ラヒーカ・ルナイバ　トーラータキ・ルナミ　ゥーワンア　サーラサ　カーナフ

何等車に乗りたいですか？

أَيُّ دَرَجَةٍ تُرِيدُ أَنْ تَرْكَبَ؟

バカルタ　ンア　ゥドーリゥト　ャジラダ　イイア

いつカイロを発たれるのですか？

مَتَى سَتُغَادِرُ ٱلْقَاهِرَةَ؟

ラヒーカ・ルルィデーガゥト・サ　ータマ

旧空港から出発ですか、それとも新空港ですか？

هَلْ تُسَافِرُ مِنَ ٱلْمَطَارِ ٱلْقَدِيمِ أَوْ مِنَ ٱلْمَطَارِ ٱلْجَدِيدِ؟

ドーィデャジ・ルリータマ・ルナミ　ウア　ムーィデカ・ルリータマ・ルナミ　ルィフーサゥト　ルハ

文法補足

1. 指示代名詞 （←5 ページ）

近くのものを指す近称「これ」と遠くのものを指す遠称「あれ」の二つがあります。指示代名詞と指示形容詞は用法が異なりますが、同じものを使います。

1 近称

<table>
<tr><th></th><th>単数</th><th>双数</th><th>複数</th></tr>
<tr><td>男性</td><td>هٰذَا
ーザーハ</td><td>هٰذَانِ （主格）
ニーザーハ
هٰذَيْنِ （所有格、目的格）
ニイザーハ</td><td rowspan="2">هٰؤُلَاءِ
イーラウーハ</td></tr>
<tr><td>女性</td><td>هٰذِهِ
ヒイズーハ</td><td>هَاتَانِ （主格）
ニーターハ
هَاتَيْنِ （所有格、目的格）
ニイターハ</td></tr>
</table>

2 遠称

<table>
<tr><th></th><th>単数</th><th>双数</th><th>複数</th></tr>
<tr><td>男性</td><td>ذٰلِكَ
カリーザ</td><td>ذَانِكَ （主格）
カニーザ
ذَيْنِكَ （所有格、目的格）
カニイザ</td><td rowspan="2">أُولٰئِكَ
カイーラーウ</td></tr>
<tr><td>女性</td><td>تِلْكَ
カルィテ</td><td>تَانِكَ （主格）
カニータ
تَيْنِكَ （所有格、目的格）
カニイタ</td></tr>
</table>

2.　人称代名詞（←5 ページ）

主格として独立した形で使われるものと、所有格、目的格として名詞に付けて使われる形に分かれます。

1 主格として使われる人称代名詞

		単数	双数	複数
3 人称	男	هُوَ ワフ	هُمَا ーマフ	هُمْ ムフ
	女	هِيَ ヤヒ		هُنَّ ナンフ
2 人称	男	أَنْتَ タンア	أَنْتُمَا ーマゥトンア	أَنْتُمْ ムゥトンア
	女	أَنْتِ ィテンア		أَنْتُنَّ ナンゥトンア
1 人称		أَنَا（目的格） ーナア		نَحْنُ ヌハナ

2 所有格及び目的格として使われる人称代名詞

		単数	双数	複数
3 人称	男	هُ フ	هُمَا ーマフ	هُمْ ムフ
	女	هَا ーハ		هُنَّ ナンフ
2 人称	男	كَ カ	كُمَا ーマク	كُمْ ムク
	女	كِ キ		كُنَّ ナンク
1 人称		ـِي（所有格） ーイ　نِي（目的格） ーニ		نَا ーナ

注　1 人称だけ所有格と目的格はそれぞれ異なった形をとりますが、他の人称では同一です。

3. 否定動詞 لَيْسَ (サイラ) の活用 (←23 ページ)

		単数	双数	複数
3 人称	男	لَيْسَ サイラ	لَيْسَا ーサイラ	لَيْسُوا ースイラ
	女	لَيْسَتْ トサイラ	لَيْسَتَا ータサイラ	لَسْنَ ナスラ
2 人称	男	لَسْتَ タスラ	لَسْتُمَا ーマゥトスラ	لَسْتُمْ ムゥトスラ
	女	لَسْتِ ィテスラ		لَسْتُنَّ ナンゥトスラ
1 人称		لَسْتُ ゥトスラ		لَسْنَا ーナスラ

4. 短形の活用 (←59 ページ)

		単数	双数	複数
3 人称	男	يَفْعَلْ ルアフヤ	يَفْعَلَا ーラアフヤ	يَفْعَلُوا ールアフヤ
	女	تَفْعَلْ ルアフタ	تَفْعَلَا ーラアフタ	يَفْعَلْنَ ナルアフヤ
2 人称	男	تَفْعَلْ ルアフタ	تَفْعَلَا ーラアフタ	تَفْعَلُوا ールアフタ
	女	تَفْعَلِي ーリアフタ		تَفْعَلْنَ ナルアフタ
1 人称		أَفْعَلْ（目的格） ルアフア		نَفْعَلْ ルアフナ

5. 接続形の活用 (←67 ページ)

		単数	双数	複数
3 人称	男	يَفْعَلَ ラアフヤ	يَفْعَلَا ーラアフヤ	يَفْعَلُوا ールアフヤ
	女	تَفْعَلَ ラアフタ	تَفْعَلَا ーラアフタ	يَفْعَلْنَ ナルアフヤ
2 人称	男	تَفْعَلَ ラアフタ	تَفْعَلَا ーラアフタ	تَفْعَلُوا ールアフタ
	女	تَفْعَلِي ーリアフタ		تَفْعَلْنَ ナルアフタ
1 人称		أَفْعَلَ（目的格） ラアフア		نَفْعَلَ ラアフナ

語句リスト厳選約500

付録の単語リストの語彙を除く重要語彙約 500 語が、定冠詞を除いたアルファベット順に配置されています。なお、動詞の意味の前にあるローマ数字は、動詞のパターンを示しています。これは、今後、皆さんが詳しい文法の学習に進まれるときに、必要となるものです。使用した記号は次の通りです：[未]＝未完了形、[複]＝複数形、[集]＝集合名詞、[女]＝女性形、[共]＝男性・女性のどちらでもありうるもの。なお、ター・マルブータ ة で終わる女性名詞は、[女]の表示を省いています。

أ

أ （文頭に来て）～ですか？

أَبَداً （否定文で）ぜんぜん～ない

إِبْرَةٌ [複] إِبَرٌ 針

اِتَّصَلَ بِ.. [未] يَتَّصِلُ
VIII. ‥に電話する、連絡する

أَجَابَ (أَجَبْتُ) [未] يُجِيبُ
IV. ～に答える

أُجْرَةٌ [複] أُجْرَاتٌ 料金（運賃や代金）

أَجْنَبِيٌّ [複] أَجَانِبُ 外国の、外国人の

أَحَبَّ (أَحْبَبْتُ) [未] يُحِبُّ IV. 愛する

أَحْيَاناً ときどき

أَخَذَ [未] يَأْخُذُ I. 取る、持っていく

آخَرُ [女] أُخْرَى 別の、もうひとつの

أَخِيراً ついに、最後に

إِذَا もし～ならば

إِذَاعَةٌ [複] إِذَاعَاتٌ 放送

أَذَانٌ アザーン（礼拝時の呼び掛け）

إِذَنْ それでは

أَرَادَ (أَرَدْتُ) [未] يُرِيدُ
IV. 欲する、～が欲しい

أَرْسَلَ [未] يُرْسِلُ IV. 送る

أَرْضٌ [複] أَرَاضٍ [女] 地

أَرْنَبٌ [複] أَرَانِبُ ウサギ

أُسْبُوعٌ [複] أَسَابِيعُ 週

أُسْتَاذٌ [複] أَسَاتِذَةٌ 教授

اِسْتَخْدَمَ [未] يَسْتَخْدِمُ X. 使う

اِسْتَطَاعَ أَنْ ... [未] يَسْتَطِيعُ
X‥することができる

اِسْتَعْمَلَ [未] يَسْتَعْمِلُ X. 使う

أَسَدٌ [複] أُسُودٌ ライオン

آسِفٌ すまない

اَلْإِسْلَامُ イスラーム教

اِسْمٌ [複] أَسْمَاءٌ 名前

اِشْتَرَى (اِشْتَرَيْتُ) [未] يَشْتَرِي
VIII. 買う

اِشْتَغَلَ [未] يَشْتَغِلُ VIII. 働く

أَصْبَحَ [未] يُصْبِحُ IV. なる

أَعْجَبَ [未] يُعْجِبُ IV. ～の気に入る

أَعَدَّ (أَعْدَدْتُ) [未] يُعِدُّ
IV. 準備する、設置する

أَعْطَى (أَعْطَيْتُ) [未] يُعْطِي
IV. 与える

أَغْلَقَ [未] يُغْلِقُ
IV. 閉める；（電気製品を）止める、消す

إِفْطَارٌ 朝食；断食明けの食事

إِقَامَةٌ ビザ、滞在許可；滞在

أَكَلَ [未] يَأْكُلُ I. 食べる

إِلَّا ～以外に

أَمَّا ... فَ ‥について言えば

اِمْتِحَانٌ [複] اِمْتِحَانَاتٌ 試験

اِمْرَأَةٌ [複] نِسَاءٌ 女

أَمْسِ 昨日

→أَوَّلَ أَمْسِ おととい

إِنْ もし～ならば

اَلْآنَ 今

اِنْتَظَرَ [未] يَنْتَظِرُ VIII. 待つ

اِنْتَهَى (اِنْتَهَيْتُ) [未] يَنْتَهِي
VIII. 終わる；(مِنْ) ～を終える

اِهْتَمَّ بِ... [未] يَهْتَمُّ
VIII. ‥に関心を持つ

أَوْ ～かあるいは‥

أُوتُوبِيسٌ [複] أُوتُوبِيسَاتٌ 大型バス

أَيْضاً ～もまた

ب

بَابٌ [複] أَبْوَابٌ ドア、門

بَارِدٌ 寒い、冷たい

بَاعَ (بِعْتُ) [未] يَبِيعُ I. 売る

بِبُطْءٍ ゆっくり

بَحَثَ عَنْ ... [未] يَبْحَثُ I. ‥を探す

بَحْرٌ [複] بِحَارٌ أَبْحُرٌ بُحُورٌ 海

بَدَأَ [未] يَبْدَأُ I. 始まる、始める

بِدُونِ ～なしで

بَرْدٌ 風邪

بُرْغُوثٌ [複] بَرَاغِيثُ 蚤

بَرْنَامَجٌ [複] بَرَامِجُ 番組

بَرِيدٌ 郵便

بِسُرْعَةٍ 急いで
بَصَلٌ 集 たまねぎ、ねぎ
بَطَّارِيَّةٌ 複 بَطَّارِيَّاتٌ 電池
بَطَاطِسُ ジャガイモ
بِطَاقَةٌ 複 بِطَاقَاتٌ カード
بَطَّانِيَّةٌ 複 بَطَّانِيَّاتٌ 毛布
بَعْضُ... いくつかの‥
بَعِيدٌ عَنْ ～から遠い
بَقَّةٌ 集 بَقٌّ 南京虫
بَقَرَةٌ 複 بَقَرَاتٌ 雌牛
بَكَى (بَكَيْتُ) 未 يَبْكِي I. 泣く
بَلْ... (否定文のあとで)～ではなくて‥
بُلُوفَرٌ 複 بُلُوفَرَاتٌ セーター
بِنْتٌ 複 بَنَاتٌ 女 女の子、娘
بَنْكٌ 複 بُنُوكٌ 銀行
بَنَى (بَنَيْتُ) 未 يَبْنِي I. 建てる
بَوَّابٌ 複 بَوَّابُونَ 門番
بَيْتٌ 複 بُيُوتٌ 家
بِيرَةٌ ビール
بَيْضَةٌ 複 بَيْضَاتٌ 集 بَيْضٌ 卵
بَيْنَ ～の間（場所）

ت

تَأَخَّرَ 未 يَتَأَخَّرُ V. 遅刻する、遅れる
تَاكْسِيٌّ 複 تَاكْسِيَّاتٌ タクシー
تَحَدَّثَ 未 يَتَحَدَّثُ 話す
تَحَرَّكَ 未 يَتَحَرَّكُ V. 動く
تَخَرَّجَ مِنْ 未 يَتَخَرَّجُ V. ～を卒業する
تَذْكَرَةٌ 複 تَذَاكِرُ 切符
تَرْجَمَ 未 يُتَرْجِمُ 翻訳する
تَرَكَ 未 يَتْرُكُ I. 捨てる、放っておく
تَزَوَّجَ 未 يَتَزَوَّجُ V. ～と結婚する
تَسَلَّمَ 未 يَتَسَلَّمُ V. 受け取る
تَعَالَ VI. 来い
تَعْبَانُ 疲れた

تَكَلَّمَ 未 يَتَكَلَّمُ V. 話す
تَكْيِيفٌ 複 تَكْيِيفَاتٌ エアコン
تِلِفِزْيُونٌ 複 تِلِفِزْيُونَاتٌ テレビ
تِلِيفُونٌ 複 تِلِيفُونَاتٌ 電話
تِلْمِيذٌ 複 تَلَامِيذُ 生徒、弟子
تَمَتَّعَ بِ... 未 يَتَمَتَّعُ V. ‥を楽しむ
تَمَنَّى (تَمَنَّيْتُ) 未 يَتَمَنَّى V. (困難なことを) 欲する

ث

ثَانِيَةٌ 複 ثَوَانٍ 秒
ثَلَّاجَةٌ 複 ثَلَّاجَاتٌ 冷蔵庫
ثَلْجٌ 雪
ثُمَّ それから
ثَمَنٌ 複 أَثْمَانٌ 値段

ج

جَاءَ (جِئْتُ) 未 يَجِيءُ I. 来る
جَامِعَةٌ 複 جَامِعَاتٌ 大学
جَبَلٌ 複 جِبَالٌ 山
جُبْنَةٌ チーズ
جِدًّا とても
جَدِيدٌ 複 جُدُدٌ 新しい
جَرَاجٌ 複 جَرَاجَاتٌ ガレージ
جَرَى (جَرَيْتُ) 未 يَجْرِي I. 走る
جَرِيدَةٌ 複 جَرَائِدُ 新聞
جَزَرٌ 集 にんじん
جَزِيرَةٌ 複 جَزَائِرُ 島
جِلْدٌ 複 جُلُودٌ 皮革、皮膚
جَلَسَ 未 يَجْلِسُ I. 座る
جَمَلٌ 複 جِمَالٌ ラクダ
جَمِيلٌ 複 جَمِيلُونَ 美しい
جُهْدٌ 複 جُهُودٌ 努力、尽力
جَوٌّ 天気、空気
جَوَازُ سَفَرٍ 複 جَوَازَاتُ... 旅券

جَوْرَبٌ 複 جَوَارِبُ 靴下
جَوْعَانُ 複 جِيَاعٌ 空腹な
جُونِلَّةٌ 複 جُونِلَّاتٌ スカート
جِيبَةٌ 複 جِيبَاتٌ スカート
جَيِّدٌ 複 جِيَادٌ 良い

ح

حَادِثَةٌ 複 حَوَادِثُ 事故
حَارٌّ 暑い；辛い
حَالٌ 状態
حَالًا すぐに
حَاوَلَ 未 يُحَاوِلُ III. 試みる
حَبِيبٌ 複 أَحْبَابٌ 恋人
حَجَزَ 未 يَحْجِزُ I. 予約する
حَدِيقَةٌ 複 حَدَائِقُ 庭、公園
حِذَاءٌ 複 أَحْذِيَةٌ 靴
حَرِيرٌ 絹
حَزِينٌ 複 حُزَنَاءُ 悲しい
حِصَانٌ 複 أَحْصِنَةٌ 馬
حَفْلَةٌ 複 حَفَلَاتٌ パーティー
حَقِيبَةٌ 複 حَقَائِبُ 鞄
حُلْوٌ 甘い、おいしい
حِمَارٌ 複 حَمِيرٌ ロバ
حَمَّامٌ 複 حَمَّامَاتٌ バスルーム
حَمَامَةٌ 複 حَمَامَاتٌ 集 حَمَامٌ 鳩
حَوَالَيْ およそ、約～
حَوْلَ ～の周りで
حَيَوَانٌ 複 حَيَوَانَاتٌ 動物

خ

خَادِمَةٌ 複 خَادِمَاتٌ メイド
خَافَ (خِفْتُ) 未 يَخَافُ I. 恐れる
خُبْزٌ パン
خَرَجَ 未 يَخْرُجُ I. 出る、出掛ける
خَضْرَاوَاتٌ 複 野菜

خِلَالَ ～の間（時間）
خَمْرٌ 酒
خِنْزِيرٌ 複 خَنَازِيرُ 豚
خَيْطٌ 複 خُيُوطٌ 糸

د

دَائِمًا いつも
دَجَاجَةٌ 複 دَجَاجَاتٌ 集 دَجَاجٌ 鶏
دَخَلَ 未 يَدْخُلُ I. 入る
دَرَّاجَةٌ 複 دَرَّاجَاتٌ 自転車
دَرْسٌ 複 دُرُوسٌ レッスン、課
دَرَسَ 未 يَدْرُسُ I. 勉強する
دَرَّسَ 未 يُدَرِّسُ II. 教える
دَفْتَرٌ 複 دَفَاتِرُ ノート
دَفَعَ 未 يَدْفَعُ I. 払う；押す
دَقِيقَةٌ 複 دَقَائِقُ 分（＝60秒）
دُكَّانٌ 複 دَكَاكِينُ 店
اَلدُّنْيَا 女 世界、この世
دَوْرٌ 複 أَدْوَارٌ 階；役割
دُولَابٌ 複 دَوَالِيبُ たんす
دُوَلِيٌّ 国際の、国際的な
دِينٌ 複 أَدْيَانٌ 宗教

ذ

ذَكِيٌّ 複 أَذْكِيَاءُ 賢い
ذَهَبَ 未 يَذْهَبُ I. 行く
ذَهَبٌ 金（ゴールド）

ر

رَادِيُو ラジオ
رَأَى (رَأَيْتُ) 未 يَرَى I. 見る、見かける
رُبَّمَا たぶん
رَجَا (رَجَوْتُ) 未 يَرْجُو I. 望む
رَجَعَ 未 يَرْجِعُ I. 帰る
رَجُلٌ 複 رِجَالٌ 男
رُخْصَةٌ 複 رُخَصٌ 免許
رَخِيصٌ 安い
رُزٌّ 米
رِسَالَةٌ 複 رَسَائِلُ 手紙
رَسْمٌ 複 رُسُومٌ （公的機関への）料金、絵画
رَقَصَ 未 يَرْقُصُ I. 踊る
رَقْصٌ ダンス、踊り
رَقْمُ تِلِيفُونٍ 電話番号
رَكِبَ 未 يَرْكَبُ I. ～に乗る
رَمَى (رَمَيْتُ) 未 يَرْمِي I. 捨てる、投げる
رِيَاحُ الْخَمَاسِينِ 砂嵐
رِيَاضَةٌ 複 رِيَاضَاتٌ スポーツ
رِيحٌ 女 風

ز

زَارَ (زُرْتُ) 未 يَزُورُ I. 訪ねる
زُبَابَةٌ 複 زُبَابٌ 蠅
زُجَاجَةٌ 複 زُجَاجَاتٌ 瓶
زِرٌّ 複 أَزْرَارٌ ボタン；スイッチ
زِلْزَالٌ 複 زَلَازِلُ 地震
زَمِيلٌ 複 زُمَلَاءُ 同僚、同輩
زَهْرَةٌ 複 زَهَرَاتٌ 集 زَهْرٌ 花
زَيْتُونٌ オリーブ

س

سَـ / سَوْفَ （未来形を作る）
سَائِقٌ 複 سَائِقُونَ 運転手
سَأَلَ 未 يَسْأَلُ I. ～に尋ねる
سُؤَالٌ 複 أَسْئِلَةٌ 質問
سَاخِنٌ 熱い
سَاعَةٌ 複 سَاعَاتٌ ～時；1時間；時計
سَافَرَ 未 يُسَافِرُ III. 旅行する、旅立つ
سَاقَ (سُقْتُ) 未 يَسُوقُ I. 運転する
سِبَاحَةٌ 水泳
سَبَحَ 未 يَسْبَحُ I. 泳ぐ
سِتَارَةٌ 複 سَتَائِرُ カーテン
سِجَارَةٌ 複 سَجَائِرُ 煙草
سَرِيرٌ 複 سَرَايِرُ ベッド
سَرِيعٌ 速い
سَعِيدٌ 複 سُعَدَاءُ 幸せな
سَقَطَ 未 يَسْقُطُ I. 落ちる
سُكَّرٌ 砂糖
سَكَنَ 未 يَسْكُنُ I. 住む
سِكِّينٌ 複 سَكَاكِينُ ナイフ
سَلَامٌ 平和、平安
سُلَّمٌ 複 سَلَالِمُ سَلَالِيمُ 階段
سِلْوَالٌ 複 سَلَاوِيلُ ズボン
سَمَاءٌ 共 空
سَمَكَةٌ 複 سَمَكَاتٌ 集 سَمَكٌ 魚
سَمِعَ 未 يَسْمَعُ I. 聞く
سَمِينٌ 複 سِمَانٌ 太った
سَنَةٌ 複 سَنَوَاتٌ 年
سَهْلٌ 簡単な
سُوقٌ 複 أَسْوَاقٌ 女 市場
سَيَّارَةٌ 複 سَيَّارَاتٌ 自動車
سِينِمَا 女 映画館

ش

شَابٌّ 複 شَبَابٌ 若者
شَارِعٌ 複 شَوَارِعُ 通り、ストリート
شَاطِئٌ 複 شَوَاطِئُ 海岸
شَاهَدَ 未 يُشَاهِدُ III. 見る、見物する
شَايٌ お茶
شُبَّاكٌ 複 شَبَابِيكُ 窓
شَبْعَانُ 複 شَبَاعَى 満腹の
شَجَرَةٌ 複 أَشْجَارٌ 集 شَجَرٌ 木
شَخْصٌ 複 أَشْخَاصٌ 人
شَدِيدٌ 激しい

شَرِبَ 未 يَشْرَبُ I.（液体や煙草を）飲む

شَرِكَةٌ 複 شَرِكَاتٌ 会社

شُغْلٌ 複 أَشْغَالٌ 仕事

شَقَّةٌ 複 شُقَقٌ フラット、アパート

شَهْرٌ 複 شُهُورٌ （暦の）月

شَمْسٌ 複 شُمُوسٌ 女 太陽

شَمْسِيَّةٌ 複 شَمْسِيَّاتٌ شَمَاسٍ 傘

شَوْكَةٌ 複 أَشْوَاكٌ フォーク

شُورْبَةٌ スープ

شَيْءٌ 複 أَشْيَاءُ もの

شَيْخٌ 複 شُيُوخٌ 老人、長老

ص

صَابُونَةٌ 集 صَابُونٌ 石鹸

صِحَّةٌ 健康

صَحْرَاءُ 複 صَحْرَاوَاتٌ 女 沙漠

صَحْنٌ 複 صُحُونٌ お皿

صَحِيحٌ 複 أَصِحَّاءُ صِحَاحٌ 本当の、正しい

صَحِيفَةٌ 複 صُحُفٌ 新聞

صَدِيقٌ 複 أَصْدِقَاءُ 友達

صَرْصَارٌ 複 صَرَاصِيرُ ゴキブリ

صَعْبٌ 難しい

صَغِيرٌ 複 صِغَارٌ 小さい；年少の

صُنْدُوقٌ 複 صَنَادِيقُ 箱

صَوَّرَ 未 يُصَوِّرُ II. コピーする；写真をとる

صُورَةٌ 複 صُوَرٌ コピー、写真

صُوفٌ ウール

ض

ضَحِكَ 未 يَضْحَكُ I. 笑う

ضَرَبَ 未 يَضْرِبُ I. 打つ、殴る

ضَرُورِيٌّ 必須の

ضَعِيفٌ 複 ضُعَفَاءُ 弱い

ط

طَائِرَةٌ 複 طَائِرَاتٌ 飛行機

طَالِبٌ 複 طَلَبَةٌ طُلَّابٌ 学生

طَبْعًا もちろん

طَبَقٌ 複 أَطْبَاقٌ お皿

طَبِيبٌ 複 أَطِبَّاءُ 医者

طَرِيقٌ 複 طُرُقٌ 共 道、道路

طَرِيقَةٌ 複 طَرَائِقُ طُرُقٌ 方法

طَعَامٌ 複 أَطْعِمَةٌ 食べ物、食事

طِفْلٌ 複 أَطْفَالٌ 子供

طَلَبَ مِنْ... 未 يَطْلُبُ I. ‥に～を求める

طَمَاطِمُ 集 トマト

طَوِيلٌ 複 طِوَالٌ 長い；背の高い

طَيِّبٌ 良い

طَائِرٌ 複 طُيُورٌ 鳥

ظ

ظَنَّ (ظَنَنْتُ) 未 يَظُنُّ I. 思う

ع

عَادَ 未 يَعُودُ I. 帰る

عَاصِفَةٌ 複 عَوَاصِفُ 嵐

عَالٍ （高さが）高い

عَامٌ 複 أَعْوَامٌ 年

عَامٌّ 一般的な

عَدَدٌ 複 أَعْدَادٌ 数

عَرَفَ 未 يَعْرِفُ I. 知る、知っている

عَزَمَ ... عَلَى 未 يَعْزِمُ ‥を～に招く、決心する

عَشَاءٌ 夕食

عُصْفُورٌ 複 عَصَافِيرُ 小鳥(雀など)

عَصِيرٌ 複 عَصَائِرُ ジュース

عَطْشَانُ 複 عِطَاشٌ のどの渇いた

عَظِيمٌ 複 عُظَمَاءُ 偉大な

عِمَارَةٌ 複 عِمَارَاتٌ ビル

عَمِلَ 未 يَعْمَلُ I. 働く；する、作る

عِنْدَ ～のもとに、～が持っている

عِنْدَمَا ～とき

عُنْوَانٌ 複 عَنَاوِينُ 題名；住所

غ

غَابَةٌ 複 غَابَاتٌ 森

غَالٍ 値が高い

غَدًا 明日

→ بَعْدَ غَدٍ あさって

غَدَاءٌ 昼食

غَرِيبٌ 奇妙な；見知らぬ人

غُرْفَةٌ 複 غُرَفٌ 部屋

غَسَلَ 未 يَغْسِلُ I. 洗う

غَضِبَ 未 يَغْضَبُ I. 怒る

غَنَّى (غَنَّيْتُ) 未 يُغَنِّي II. 歌う

غَنِيٌّ 複 أَغْنِيَاءُ お金持ちの

غَيْرَ （形容詞について）～でない

غَيَّرَ 未 يُغَيِّرُ II. 変える、替える

ف

فَـ... それから

فَأْرٌ 複 فِيرَانٌ ネズミ

فَاكِهَةٌ 複 فَوَاكِهُ 果物

فَانِلَّةٌ 複 فَانِلَّاتٌ Tシャツ

فَتَحَ 未 يَفْتَحُ I. 開ける；（電気製品を）つける

فَرْقٌ 複 فُرُوقٌ 違い

فُرْنٌ 複 أَفْرَانٌ オーブン、パン焼き釜

فُسْتَانٌ 複 فَسَاتِينُ ドレス

فَشِلَ 未 يَفْشَلُ I. 失敗する、不合格になる

فَصْلٌ 複 فُصُولٌ 教室、部分

فَضَّلَ ... عَلَى 未 يُفَضِّلُ
‥が～より好きである

فُطُورٌ 朝食

فَقَطْ ～だけ

فَعَلَ 未 يَفْعَلُ I. する

فَقِيرٌ 複 فُقَرَاءُ 貧乏な

فَكَّرَ 未 يُفَكِّرُ II. 考える

فَلْ ～しよう

فُنْدُقٌ 複 فَنَادِقُ ホテル

فَهِمَ 未 يَفْهَمُ I. 理解する

فِيلْمٌ 複 أَفْلَامٌ
映画；（写真などの）フィルム

ق

قَابَلَ 未 يُقَابِلُ III. ～に会う

قَادِمٌ 来たる～

قَالَ إِنَّ ... (قُلْتُ) 未 يَقُولُ I. ‥と言う

قَامَ (قُمْتُ) 未 يَقُومُ I. 起きる、立つ

قَامُوسٌ 複 قَوَامِيسُ 辞書

قَتَلَ 未 يَقْتُلُ I. 殺す

قَدِيمٌ 複 قُدَمَاءُ 古い

قَرَأَ 未 يَقْرَأُ I. 読む

قَرْيَةٌ 複 قُرًى 村

قَرِيبٌ مِنْ ～から近い

قَصِيرٌ 複 قِصَارٌ 短い；背の低い

قِطَّةٌ 複 قِطَطٌ 猫

قِطَارٌ 複 قِطَارَاتٌ 列車

قَطَعَ 未 يَقْطَعُ I. 切る、中断する

قُطْنٌ 木綿、綿

قَضَى (قَضَيْتُ) 未 يَقْضِي
I.（時を）過ごす

قَلَمٌ 複 أَقْلَامٌ ペン

قَلِيلٌ 少しの

قَلِيلاً 少し

قَمَرٌ 複 أَقْمَارٌ （天体の）月

قَمِيصٌ 複 قُمْصَانٌ
ワイシャツ、ブラウス

قَهْوَةٌ 珈琲

قَوِيٌّ 複 أَقْوِيَاءُ 強い

ك

كَاتِبٌ 複 كُتَّابٌ 作家

كَانَ (كُنْتُ) 未 يَكُونُ I. ～である

كُبْرِي 複 كَبَارِي 橋

كَبِيرٌ 複 كِبَارٌ 大きい；年寄りの

كِتَابٌ 複 كُتُبٌ 本

كَتَبَ 未 يَكْتُبُ I. 書く

كَثِيرٌ たくさんの

كَثِيرًا たくさん

كُرَةٌ 複 كُرَاتٌ ボール、球

→ كُرَةُ ٱلْقَدَمِ サッカー

كُرْسِيٌّ 複 كَرَاسِيُّ 椅子

كَسْلَانُ 複 كَسَالَى 怠け者の、怠惰な

كَفَى 未 يَكْفِي 十分である

كُلٌّ （非限定名詞と）各～；
（限定名詞と）全～

→ كُلَّ يَوْمٍ 毎日

كَلْبٌ 複 كِلَابٌ 犬

كَهْرَبَاءُ 電気

ل

لَا いいえ；（現在の否定）

لِأَنَّ ～だから、～なので

لَبِسَ 未 يَلْبَسُ I. ～を着る

لَبَنٌ 牛乳

لَحْمٌ 複 لُحُومٌ 肉

لِذٰلِكَ だから

لَذِيذٌ おいしい

لَعِبَ 未 يَلْعَبُ
I. 遊ぶ；プレイする；演奏する

لُغَةٌ 複 لُغَاتٌ 言語

لِكَيْ ～するために

لَمْ （過去の否定）

لَمَّا ～とき

لَنْ （未来の否定）

لَيْسَ (لَسْتُ) I. ～ではない

لَوْ もし～ならば

م

مَا 何？；完了形の否定

مَاءٌ 複 مِيَاهٌ 水

مَائِدَةٌ 複 مَوَائِدُ テーブル

مَاتَ (مُتُّ) 未 يَمُوتُ I. 死ぬ

مَاضٍ 昨～、過去の

مَبْنًى 複 مَبَانٍ 建物

مِثْلَ ～のような

مَثَلاً 例えば

مُجْتَهِدٌ 複 مُجْتَهِدُونَ 勤勉な

مَجَلَّةٌ 複 مَجَلَّاتٌ 雑誌

مُحْتَاجٌ إِلَى ～が必要な

مَحَطَّةٌ 複 مَحَطَّاتٌ 駅

مُدَرِّسٌ 複 مُدَرِّسُونَ 先生、講師

مَدْرَسَةٌ 複 مَدَارِسُ 学校

مَدِينَةٌ 複 مُدُنٌ 町

مُرِيحٌ 心地よい、安らげる

مَرِيضٌ 複 مَرْضَى 病気の、病人

مُزْدَحِمٌ 混雑した

مُدَّةٌ 複 مُدَدٌ 期間

مَرَّةٌ 複 مَرَّاتٌ ～回

مَرْكَبٌ 複 مَرَاكِبُ 船

مِرْوَحَةٌ كَهْرَبَائِيَّةٌ 複 مَرَاوِحُ 扇風機

مُسْتَشْفًى 複 مُسْتَشْفَيَاتٌ 病院

مُسْتَقْبَلٌ 将来、未来

مَسْجِدٌ 複 مَسَاجِدُ モスク

مَسْرُورٌ 複 مَسْرُورُونَ 嬉しい

مِسْكِينٌ 複 مِسْكِينُونَ، مَسَاكِينُ

かわいそうな

مُسْلِمٌ 複 مُسْلِمُونَ イスラーム教徒

اَلْمَسِيحِيَّةُ キリスト教

مَشْغُولٌ 複 مَشْغُولُونَ 忙しい

مَشَى (مَشَيْتُ) 未 يَمْشِي I. 歩く

مِصْعَدٌ 複 مَصَاعِدُ エレベーター

مَطَارٌ 複 مَطَارَاتٌ 空港

مَطْبَخٌ 複 مَطَابِخُ 台所

مَطَرٌ 雨

مَطْعَمٌ 複 مَطَاعِمُ レストラン，食堂

مَظْرُوفٌ 複 مَظْرُوفَاتٌ، مَظَارِيفُ

封筒

مَعَ ～と一緒に

مَعًا 一緒に

مَعْهَدٌ 複 مَعَاهِدُ 研究所、専門学校

مِفْتَاحٌ 複 مَفَاتِيحُ 鍵

مَفْرُوضٌ 課された

مُفِيدٌ 有益な、役に立つ

مَقْهًى 複 مَقَاهٍ 喫茶店

مَكَانٌ 複 أَمَاكِنُ 場所

مَكْتَبٌ 複 مَكَاتِبُ 事務所；机

مَكْتَبَةٌ 複 مَكَاتِبُ 本屋、図書館

مُكَيَّفٌ エアコン付きの、エアコンの効いた

مَلْبَسٌ 複 مَلَابِسُ 服

مِلْحٌ 塩

مِلْعَقَةٌ 複 مَلَاعِقُ スプーン

مُلَوَّنٌ 色のついた、カラーの

مُمْكِنٌ できる、可能な

مُنَاسِبٌ 複 適切な

مُنْدَهِشٌ 驚いた

مُهَنْدِسٌ 複 مُهَنْدِسُونَ 技師

مُوتُوسِيكْلٌ 複 مُوتُوسِيكْلَاتٌ

オートバイ

مَوْجُودٌ 複 مَوْجُودُونَ 存在する

مُوسِيقَى 音楽

مُوَظَّفٌ 複 مُوَظَّفُونَ 雇われた、職員

مَيْدَانٌ 複 مَيَادِينُ 広場

ن

نَاسٌ 複 人々

نَامَ (نِمْتُ) 未 يَنَامُ I. 眠る

نَامُوسَةٌ 集 نَامُوسٌ 蚊

نَبَاتٌ 複 نَبَاتَاتٌ 植物

نَبِيذٌ ワイン

نَجَحَ 未 يَنْجَحُ I. 成功する、合格する

نَجْمٌ 複 نُجُومٌ 星

نَزَلَ 未 يَنْزِلُ I. 下る，降りる

نُسْخَةٌ 複 نُسَخٌ

コピー、（書類など）1部

نَسِيَ (نَسِيتُ) 未 يَنْسَى 忘れる

نَشِيطٌ 複 نُشَاطٌ 元気な、活動的な

نَظَّارَةٌ 複 نَظَّارَاتٌ 眼鏡

نَظَّفَ 未 يُنَظِّفُ

II. 掃除する、きれいにする

نَظِيفٌ 清潔な

نَعَمْ はい

نَمِرٌ 複 نُمُورٌ 虎

نَمْلَةٌ 複 نِمَالٌ 蟻

نِهَايَةٌ 複 نِهَايَاتٌ 終わり

نَهْرٌ 複 أَنْهَارٌ 川

نَوْعٌ 複 أَنْوَاعٌ 種類

ه

هٰكَذَا このように

هَلْ （文頭に来て）～ですか？

و

وَ そして；～と～

وَاسِعٌ 広い

وَجَبَ 未 يَجِبُ عَلَى ... أَنْ -

…は～しなければならない

وَجَدَ 未 يَجِدُ I. 見つける、発見する

وُجِدَ 未 يُوجَدُ I. （受身）見出される；

存在する、ある

... وَحْدَ ～ひとりで、～だけで

وَرْدَةٌ 複 وُرُودٌ 集 وَرْدٌ 薔薇

وَرَقَةٌ 複 أَوْرَاقٌ 集 وَرَقٌ 紙；葉

وَصَلَ 未 يَصِلُ I. 到着する

وَضَعَ 未 يَضَعُ I. 置く

وَقْتٌ 時

وَقَعَ 未 يَقَعُ I. 起こる、ある

وَقَفَ 未 يَقِفُ I. 止まる

وَلَدَ 未 يَلِدُ I. 生む

وُلِدَ 未 يُولَدُ I. （受身）生まれる

وَلَدٌ 複 أَوْلَادٌ 男の子

وَلٰكِنْ، وَلٰكِنَّ しかし

ي

يَاسْمِينٌ ジャスミン

يَوْمٌ 複 أَيَّامٌ 日

→ اَلْيَوْمَ 今日

著者紹介
奴田原睦明（ぬたはら　のぶあき）
1940 年生　1965 年　東京外国語大学アラビア語科卒
1973 年　カイロ大学留学
現在、東京外国語大学教授
主な著書—『基本アラビア語入門』（大学書林）
『遊牧の文学』（岩波書店）

榮谷温子（さかえだに　はるこ）
1966 年生　1995 年　カイロ・アメリカン大学修士課程（アラビア語教育法）修了
1999 年　東京外国語大学大学院博士課程修了
現在、東海大学文学部、東京外国語大学外国語学部、早稲田大学語学教育研究所非常勤講師

こうすれば話せる
CDアラビア語

検印省略　　©2003 年 6 月 30 日　初 版 発 行

著　者　奴田原　睦明
榮谷　温子

発行者　原　雅久
発行所　株式会社 朝日出版社
101-0065　東京都千代田区西神田 3-3-5
電話 (03) 3263-3321（代表）
振替口座　東京 00140-2-46008
http://www.asahipress.com
（株）欧友社／図書印刷

乱丁・落丁本はお取り替えいたします
ISBN4-255-00183-9　C0087